Die sächsischen Chevauxlegers-Regimenter (I)

Schriftstücke

zum Feldzug von 1812

Beiträge zur sächsischen Militärgeschichte zwischen
1793 und 1815

Heft 42

Abb. 01 – die Weichsel zwischen Thorn und Plotzk

Die sächsischen Chevauxlegers-Regimenter (I)

Schriftstücke

zum Feldzug von 1812

Bibliographische Information der Deutschen Biliothek

Die Deutsche Bibliothek verzeichnet diese Publikation in der Deutschen Nationalbibliographie; detaillierte bibliographische Daten sind im Internet über http://dnb.ddb.de abrufbar.

Die Deutsche Bibliothek – CIP – Einheitsaufnahme

Jörg Titze (Hrsg.)

Die sächsischen Chevauxlegers-Regimenter (I) – Schriftstücke zum Feldzug von 1812

ISBN 978-3-7412-4071-3

Herstellung und Verlag:

BoD - Books on Demand, Norderstedt

Inhaltsverzeichnis

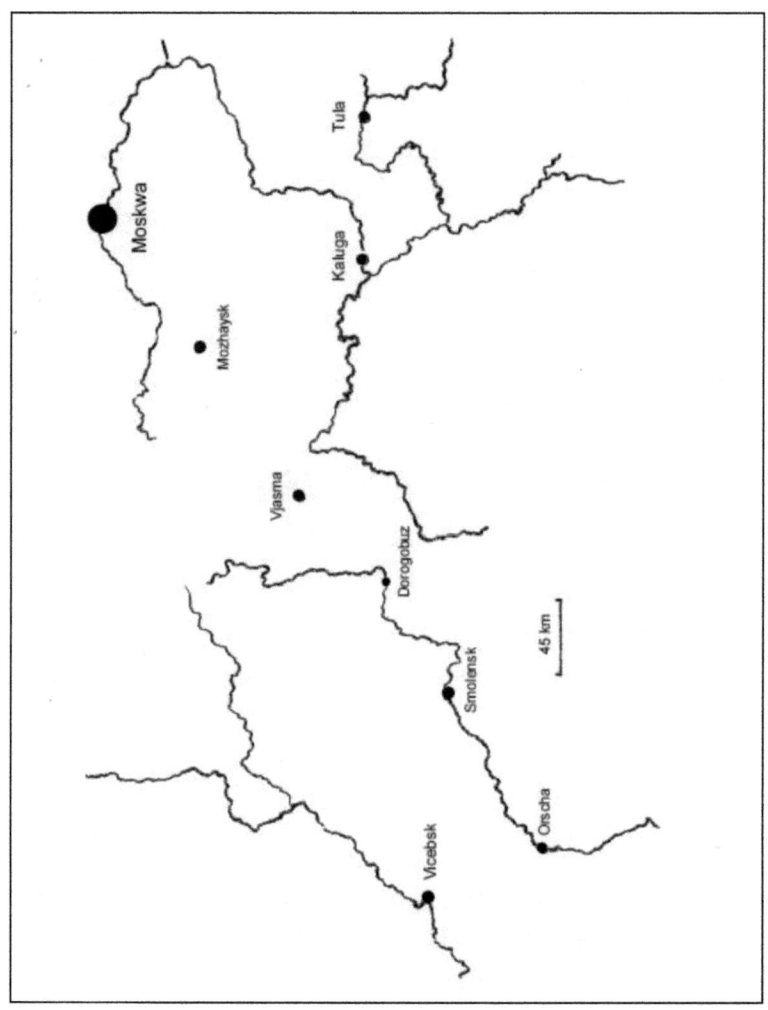

Abb. 02   Umgebung Moskau, Mosaisk, Smolensk

Vorwort

Im Hauptstaatsarchiv Dresden sind nur wenige Akten auffindbar, die nähere Auskunft über die sächsischen Chevauxleger-Regimentern im Feldzug von 1812 geben.

Im Bestand 11339 (Generalstab) befinden sich in der Akte 273 die Manuskripte Cerrinis[1] zu den Nachrichten über die Regimenter Low, Rechten, Johann[2] und Albrecht[3]. Wie die zahlreichen Anmerkungen beim Regiment Albrecht zeigen, hat Cerrini diese Manuskripte mindestens 3 anderen Offizieren zur Durchsicht und Korrektur vorgelegt. Davon ist nur der Capitaine Grahl durch die separat eingereichten Anmerkungen zu identifizieren. Diese sind – insoweit nicht schon von Cerrini verwendet – nachfolgend wiedergegeben. Die Grahl'sche Kompanie gehörte scheinbar zur 2.Eskadron des Majors von Helbig, die ab Juli 1812 zur Dienstleistung ins kaiserliche Hauptquartier kommandiert war.

Wann diese Manuskripte inkl. der Korrekturen verfasst wurden, lässt sich aus den Akten nicht ermitteln.

In der Akte 275 befindet sich das Tagebuch des Hauptmanns v.Vitzthum vom Regiment Johann für den Zeitraum 16.06. – 28.11.1812.

Im Bestand 11341 (Kavallerieformationen) befinden sich in der Akte 288 vier Meldungen des Regimentskomman-

---

[1] (Cerrini) Die Feldzüge der Sachsen in den Jahren 1812 und 1813, Dresden 1821
[2] Ebd. S.447 ff
[3] Ebd. S.421 ff

deurs Regiment Albrecht, Obersten von Lessing, zu den Bewegungen, Affären sowie Beständen und Zuständen des Regiments. Diese Meldungen umfassen die Zeiträume 09.05. – 03.06.1812 und 14.08. – 27.12.1812.

Im Bestand 11341 (Kavallerieformationen) befinden sich in der Akte 203 mehrere Dienstschreiben und Ordres an den Capitain Matthäi von Regiment Prinz Clemens aus den Monaten Mai und Juni 1812, die die Bandbreite der Aufgaben eines Kompaniekommandanten beleuchten.

Im Bestand 11289 (Generalintendantur) finden sich in der Akte 135 Informationen zum Stand der Löhnung und zu den Verlusten der Regiments-Equipagen, -Kassen und –Archive, die der Generalleutnant v.Gersdorff Ende 1814 bei den damals Handelnden einforderte.

Der Text selbst ist so originalgetreu wie möglich, der heutigen Rechtschreibung angepasst, wiedergegeben.

Bedanken möchte ich mich beim Team des Hauptstaatsarchives in Dresden für die wie immer problemlose Bereitstellung der Akten und Genehmigung der Veröffentlichung.

Natürlich möchte ich mich auch bei Ihnen, verehrter Leser, dafür bedanken, dass Sie sich zum Kauf dieses Buches entschlossen haben. Insofern Sie Anregungen und Kritiken haben, über den Inhalt diskutieren oder mir einfach nur mitteilen wollen, ob Ihnen das Buch gefallen hat, so können Sie mich via email unter sachsen-titze@t-online.de erreichen.

Ihr   Jörg Titze

Das Regiment Albrecht im Feldzug von 1812

Das Regiment Prinz Albrecht Chevauxlegers wurde, wie die übrigen Truppen des für den Russland-Feldzug bestimmten sächsischen Korps, am 09.02.1812 mobil gemacht.

Es wurde zur Kavallerie-Brigade des Generalleutnants Thielmann im Verband der 2. Sächsischen Division unter dem Generalleutnant von Gutschmidt geteilt, welche außerdem aus den Regimentern Garde du Corps und Zastrow-Kürassiere bestand.

Ein starkes Kommando[4] des Regiments befand sich noch auf der Deckung eines Mehltransportes, als das Regiment am 09.04.1812 auf kaiserlichen Befehl vom sächsischen Korps abgezogen und zum 3. Kavallerie-Reserve-Korps gesetzt wurde. Das Regiment bildete mit 2 bayrischen Chevauxlegers-Regimentern eine leichte Brigade unter dem Brigadegeneral Domanget.

Der Bestand dieses Korps war folgender:

General en chef	Grouchy
Chef Etat-Major	Jumilhac
3. leichte Divison	**Chastel**
10. leichte Brigade	Gerard
6. Jäger zu Pferd	Lepard
25. Jäger zu Pferd	Christophe

---

[4] Cerrini gibt nur die 5. Kompanie. Der Rapport des Obersten von Lessing vom 03.06. gibt für dieses Kommando eine Stärke von 148 Mann (eine Kompanie hatte einen vollen Bestand von 96 Mann).

11. leichte Brigade	Gauthrin
6. Husaren	Valin
8. Jäger zu Pferd	Perigord
17. leichte Brigade	Domanget
1. bayr. Chevauxlegers	Wittgenstein
2. bayr. Chevauxlegers	Bourscheidt
Prinz Albrecht Chevauxlegers	Lessing
Artillerie	Mouillet
6. schwere Division	**Lahoussaye**
Brigade	Thiry
7. Dragoner	Veiser
23. Dragoner	Briant
Brigade	Seron
28. Dragoner	Montmarie
30. Dragoner	Pinteville
Artillerie	Reiser

Der Gesamtbestand des Korps betrug rund 6.750 Mann.

In diesem Verband machte das Regiment, welches das Bedeckungskommando wieder an sich ziehen konnte, aber die 2.Eskadron zur Dienstleistung ins kaiserliche Hauptquartier kommandieren musste, die strapaziösen Märsche in Innere Russlands mit. Es focht bei Smolensk, Mozaisk und Tarrutino. Am 31.10. wurde die Division Chastel aufgelöst, nachdem sie noch 200 Reiter an die Nachhut der großen Armee abgegeben hatte.

14 Offiziere und 12 Mann erreichten die Heimat wieder.

Die Rapporte des Obersten von Lessing
Zeitraum 09.05.1812 bis 03.06.1812

Auf die erhaltene Nachricht, dass die Sächsische Armee in die Gegend Warschau gerückt sei, hat mir der Herr General Dommanget die Ordre erteilt, einen Offizier mit einer Depesche an den Herrn General Graf Reynier zu schicken, um die bei der Armee befindliche Eskadron des Regiments zu erhalten, und ich verfehle daher nicht Ew. Hochwohlgebr. von denen seit Einsendung meines letzten Rapports, beim Regiment sich ereigneten Vorfällen pflichtschuldigst Meldung zu erstatten.

Den 9ten Mai brach das Regiment aus dem Kantonnement bei Mosjin auf und bezog ein Kantonnement bei Kostin, allwo es bis zum 22ten verblieb.

Den 16ten Mai passierte der Herr General Grouchy die Revue der Brigade Dommanget und gab dem Regiment nach Beendigung derselben seine Zufriedenheit zu erkennen.

Den 18ten Mai erhielt ich die Ordre die Fahnen durch ein Kommando nach Glogau zu senden, allwo sie an den Herrn Gouverneur Grafen Seras gegen Empfangsschein übergeben wurden.

Den 22ten Mai setze sich das Regiment in Marsch und ging bis Dolzig,

den 23ten Mai bis Jaroszim,

den 24ten Mai bis Cherkowo,

den 25ten Mai bis Geisern,

den 26ten Mai bis Sclupce,

den **27**^{ten} **Mai** bis Klezewo,

den **28**^{ten} **Mai** Rast,

den **29**^{ten} **Mai** bis Michowice,

den **30**^{ten} **Mai** bis Monconcin,

den **31**^{ten} **Mai** bis Lubranice,

den **1**^{sten} **Juni** bis Wratzlawek, allwo das Regiment die Nacht hindurch auf Kähnen über die Weichsel gesetzt wurde,

den **2**^{ten} **Juni** nach Scierpc

den **3**^{ten} **Juni** nach Biezun.

Mit Fourage und Lebensmitteln sind wir bis jetzt immer noch leidlich versehen worden.

Der Premierleutnant von Stutterheim, welcher schon seit einiger Zeit an Gichtschmerzen litt, wurde in Wratzlawek so krank, dass er nach der Erklärung des Regiments-Chirurgus völlig außer Stand gesetzt ward, die Beschwerden einer Kampagane länger zu ertragen, und ich sah mich daher genötigt, ihn in das Land zurückzusenden, wodurch dem Regiment ein vorzüglich brauchbarer Offizier abgeht. Vielleicht dürfte uns die Annäherung an die Sächsische Armee Hoffnung geben, wieder unter die Befehle von Ew. Hochwohlgebr. zu kommen, welcher Wunsch gewiß der lebhafteste ist der das ganze Regiment beseelt, sollten wir aber dieses Glücks nicht teilhaftig werden, so verzeihen mir Ew. Hochwohlgebr. gewiß, wenn ich den Wunsch, mein Regiment bald vereinigt zu sehen gegen Hochdieselben zu äußern wage.

Möchten Ew. Hochwohlgebr. daher meine ganz gehorsamste Bitte um baldige Zurücksendung der bei der Armee detachierten Eskadron, stattfinden lassen, um das Regiment nicht den Nachteilen auszusetzen, die bei einer solchen Trennung unvermeidlich sind.

Das primo Mai gefällig gewesene Beimontierungsgeld hat den Mannschaften noch nicht ausgezahlt werden können, da die Wirtschafts-Kasse mit den hierzu erforderlichen Geldern zur Zeit noch nicht versehen worden ist.

Einen Rapport vom Regiment und die anbefohlenen Anzeigen füge ich ganz gehorsamst bei.

Biezun am 3^n Juni 1812

Heinrich August Lessing
Oberst

———

Rapport

Von dem Chevaux legers Regiment Prinz Albrecht am 3^n Juni 1812

Das Regiment soll komplett bestehen aus	664 Mann
	628 Pferden
Es besteht dato effektiv	662 Mann
	624 Pferden
Fehlen demnach am kompletten Stand	2 Mann
	4 Pferde

Von dem effektiven Bestand sind

kommandiert

1 Auditeur Kretzschmar als Auditeur bei der Division Gutschmidt

1 Capitain v.Rabenau		⌐
1 Capitaine v.Gutschmidt		|
1 Prem.Leutn. Hoyer		|
1 Sousleutn. v.Metzsch		| zur Eskorte
1 Sousleutn. v.Houwald		|
1 Wachtmeister	1 Pferd	| eines
1 Fahnjunker	1 Pferd	|
1 Chirurgus	1 Pferd	| Mehltransports
6 Korporals	6 Pferde	|
1 Trompeter	1 Pferd	|
2 Schmiede	2 Pferde	|
131 Gemeine	129 Pferde	⌐

1 Trompeter	bei dem Herrn Divisions-
3 Gemeine	General v. Gutschmidt
1 Gemeiner	b.d. Herrn Div.Gen. Thielmann
1 Gemeiner	b.d. Herrn Brigade-Gen. v.Sahr
1 Fourier	bei der Königl. General-Stabs-Kanzlei zu Dresden

156 Mann   147 Pferde Sa. der Kommandierten

beurlaubt

Ø

Krank

absent

1 Gemeiner im Feldhospital zu Forsta zurückgeblieben

1 Prem.Leutn. v.Stutterheim den 3ten Juni nach Lübben abgegangen

praesent

6 Gemeine

8 Mann Sa. der Kranken

9 marode Pferde

Arrestanten

Ø

Summa aller derer	164 Mann	156 Pferde
verbleiben z. Dienst	498 Mann	468 Pferde

Hierüber befinden sich noch beim Regiment

à la suite

1 Capitain Prinz von Waldeck-Pyrmont

Equipage- Personen und Pferde

1 Equipage-Sergeant mit	1 Pferd
6 Equipage-Soldaten wovon 1 krank im Feld-Hospital Forsta verblieben mit	21 Zugpferden
4 Equipage-Soldaten mit	4 Kesselpferden

Heinrich August Lessing
Oberst

Marschquartier Biezun
am 3ten Juni 1812

Anzeige

Derjenigen Mannschaften und Pferde, welche dem mobilen Regiment Prinz Albrecht Chevauxlegers, am komplettem Stand fehlen.

A. Mannschaft

1 Gemeiner bei der 5ten Compagnie

1 Gemeiner bei der 7ten Compagnie

2 Mann Sa.

B. Pferde

1 gemeines Dienstpferd bei der 1sten Compagnie

2 gemeine Dienstpferde bei der 5ten Compagnie

1 gemeines Dienstpferd bei der 8ten Compagnie

1 Proviantwagenpferd beim Stab

5 Pferde Sa.

Heinrich August Lessing
Oberst

Marschquartier Biezun
am 3ten Juni 1812

Zeitraum vom 14.08.1812 bis mit 27.12.1812

Ew. Hochwohlgebr. wollen gnädigst verzeihen, dass ich meinem Wunsche und meiner Schuldigkeit, Hoch Demselben von Zeit zu Zeit einen Regiments-Rapport zu erstatten, nicht nachgekommen bin, allein die gänzliche Unmöglichkeit zu erfahren, wo die Sächsische Armee sich befinde, und auch das Verbot einen Offizier als Kurier, wegen der damaligen großen Unsicherheit dahin abzusenden, haben mich nur allein, an meiner so gern ausgeübten Pflicht verhindert.

Ew. Hochwohlgebr. überreiche ich zwar einen Rapport, der aber vom 9ten Septbr. an, nicht so umständlich ist, weil durch die Gefangennehmung des Interims-Adjutanten von Fehrentheil und Stabs-Sekretär Schwartz alle Journale und Papiere verloren gegangen sind, und nur mein Bruder die früheren Begebenheiten, sich aus dem Regiments-Journal abgeschrieben hatte, welche ich die Ehre habe, Ew. Hochwohlgebr. hiermit mitzuteilen.

Nachdem die Brigade

den **14ten August 1812** früh 2 Uhr durch den Dnieper geschwommen und auf der Straße nach Lady vorgerückt war, stieß sie gegen 4 Uhr auf die feindlichen Vorposten, welche unterm stetigen und heftigen Plänkeln zurück geworfen wurden.

Gegen 10 Uhr langte unter den Befehlen Sr. Majestät des Königs von Neapel, das ganze Korps vor Lady an. Die ganze Kavallerie folgte unterdessen der Brigade, und die Stadt, in welcher sich 2 Kanonen und 2 Pulks Kosaken befanden, ward von zwei Divisionen Kavallerie umgangen, wodurch der Feind genötigt war, unter immerwährender Verfolgung unserer Avantgarde sich nach Krasnoi zu retirieren; die ganze Kavallerie rückte nun auch nach Krasnoi vor.

Das Regiment hatte unter dem Capitain Prinz von Waldeck und dem Prem.Leutn. Hoyer mit 30 Pferden die Avantgarde, welche sogleich mit dem Feinde zu plänkeln anfing, und ihn bis unter die Tore von Krasnoi zurück warf. Das ganze Korps nahm eine Position gegen die Stadt, die von der Infanterie in einem Zeitraume von einer Stunde, stürmend genommen wurde. Der Feind ward auf der Straße nach Smolensk verfolgt, und die Trophäen dieses Tages waren 10 erbeutete Kanonen und 1.000 Gefangene.

Den **15ten August 1812** früh mit Tagesanbruch marschierte die Brigade bis 1 Stunde vor Smolensk.

Den **16ten August 1812** früh mit Tagesanbruch, musste die Brigade aufbrechen, und ein vom Feinde besetztes Defilée passieren, wobei die Avantgarde von 50 Pferden unter dem Capitain von Salza und Leutn. von Fehrentheil mit dem Feinde heftig plänkelte. Sie ward zwar nach mehreren Versuchen von der Übermacht des Feindes gedrückt, und musste sich auf das 1te und 2te bayrische Chevauxlegers-Regiment repliieren, diese nebst dem Regiment nahmen sie auf, der Feind ward von neuem angegriffen und in Unordnung zurück geworfen.

Die Brigade rückte nunmehr in eine Position 700 Schritt vor der Festung, in welcher sie ohne eine Bewegung zu machen von früh 6 Uhr bis abends 8 Uhr stehen blieb, außer das während dieser Zeit, die Avantgarde fortwährend mit den feindlichen Kosaken, Ulanen und Scharfschützen plänkelte. Ohngeachtet das Regiment, welches unter einen stetigen Kanonenfeuer stand, das, wegen der Nähe des Waldes, bald mehr, bald weniger heftig war, hatte es an diesem Tage nicht mehr als

1 Toten	⌐ Mannschaft
12 Blessierte	⌐

10 tote	⌐ Pferde
7 blessierte	⌐

Abends nach 8 Uhr verließ es die Stellung, und bezog einen Biwak in der Nähe der Stadt.

Den **17ten** **August 1812** nahm die Brigade ihre Position rechts von der Stadt, die unterdessen von der Infanterie berannt und beschossen wurde.

Den **18ten** **August 1812** früh 2 Uhr verließ der Feind die Stadt und das Regiment blieb bis

den **19ten** **August 1812** Nachmittags in seiner Stellung, wo es dann Smolensk rechts lassend, durch den Dnieper und auf der Straße von Witebsk vorging.

Den **20ten** **August 1812** ward bis vor Witebsk marschiert.

Den **22ten** **August 1812** kam es zu einem Gefecht mit einem Detachement Kosaken, bei welchem 1 Mann auf dem Platze blieb.

Den **16ten** **August 1812** ward bis Duchozina vorgerückt. Die Avantgarde unter dem Prinz Waldeck engagiert ein lebhaftes Gefecht mit einem Korps von circa 1.000 Kosaken, wobei 2 Mann vom Regiment stark blessiert wurden. Nach beendigtem Gefecht bezog die Brigade einen Biwak bei Duchozina, aus welchem sie

den 24ten August 1812 Nachmittags aufbrach, auf der Straße nach Dorogobutz fortmarschierte und

den 26ten August 1812 früh vor Dorogobutz anlangten. Nachdem wir hinter der Stadt den Dnieper passiert hatten, wurde auf der Straße nach Moskau biwakiert.

Den 27ten und 28ten August 1812 ward fortwährend links von der Straße marschiert, und gegen des Feindes rechten Flügel manövriert.

Den 29ten August 1812 traf man nach einem 9stündigen Marsch auf den Feind, der 3 Stunden bis über Wiazma verfolgt ward.

Den 30ten August 1812 ward 5 Stunden weit, links der Straße, fortmarschiert und

den 31ten August 1812 kam es nach einem 8stündigen Marsch zu Plänkeleien mit den Kosaken, die bis gegen 7 Uhr Abends dauerten.

Den 1ten September 1812 früh 8 Uhr stieß man auf den Feind, der mit seiner 40.000 Mann starken Arrieregarde sich hartnäckig zu verteidigen suchte. Allein die, in kurzen Zwischenräumen in geschlossenen Kolonnen vorrückenden diesseitigen Avantgarden ließen ihn nicht zum Stehen kommen; sondern trieben ihn 6 Stunden weit zurück, wobei die Stadt Gzatzok brennend weggenommen, und hinter derselben ein Biwak bezogen wurde, in welchem wir

den 2ten September 1812 und

den 3ten September 1812 stehen blieben, und die Revue vor dem Chef d'Etat-Major des Generals en Chef Comte Grouchy passierten.

Den 4ten September 1812 früh 8 Uhr stieß man auf den Feind. Es kam zu einer Affaire mit demselben und das Regiment war bis abends 7 Uhr dem heftigsten Kanonen-Feuer ausgesetzt, da es ohne eine Bewegung zu machen in der ersten Linie stand, wobei es 4 Blessierte und 6 tote und 4 blessierte Pferde hatte.

Den 5ten September 1812 früh 7 Uhr ward aus dem Biwak aufgebrochen. Nach einem stündigen Marsch traf man auf den Feind, mit dem man sich sogleich engagierte, bei welcher Gelegenheit, unsere Division insbesondere mit der feindlichen Kavallerie zu tun bekam. Um seinen Rückzug zu decken, brannte der Feind mehrere, über einen Fluss führende Brücken ab, wir waren daher genötigt, durch diesen Fluss zu setzen, um den Feind weiter zu verfolgen.

Ohnerachtet sich der Feind, in eine sehr vorteilhafte Stellung zurückgezogen hatte, so musste er doch solche verlassen, da eine, auf seinem linken Flügel mit vielen Positions-Geschütz versehene, und durch Kavallerie und Infanterie verteidigte Schanze, von unserer Infanterie mit Sturm genommen wurde.

Die polnische Kavallerie unterstützte diesen Angriff und unsere Division musste en Reserve vorrücken, wo wir noch bis spät in der Nacht mit Haubitz-Granaten beschossen wurden.

Den **6ten September 1812** abends erhielt das 3te Corps de Reserve den Befehl zur Armee des linken Flügels unter Sr. Kaiserl. Hoheit des Vizekönigs von Italien Befehle zu stoßen. Es wurde biwakiert die Nacht daselbst, brach

den **7ten September 1812** früh gegen 6 Uhr wieder auf und marschierte von diesem Flügel dem Centro zu, wo es hinter einem Defilée aufgestellt wurde, vor welchem die franzöz. Infanterie eben beschäftigt war, die vom Feinde stark besetzte Redoute zu attackieren. Das Regiment stand in einem immerwährenden Kanonen- und Granaten-Feuer, und es wurde dem Major von Ziegler ein Pferd unterm Leib totgeschossen, und ein zweites blessiert.

Nachdem nach mehrstündigem Gefecht, diese Redoute zum Schweigen gebracht, und durch die Brigade des Herrn General-Leutn. Thielmann erstürmt worden war, so fuhr der Feind mehrere Batterien auf eine Höhe rechts der Schanze auf, und es erhob sich nunmehr gegen die in Kolonnen aufgestellte Kavallerie die fürchterlichste Kanonade, welche jedoch durch unsere Batterien zum Schweigen und Rückzug gebracht wurden.

Kurz darauf erhielt das 3te Reserve-Korps den Befehl, das Defilée zu passieren, und sich bei der Schanze aufzustellen. Die Regimenter zogen sich daher in Zügen, durch die buschige und kupierte Gegend. Allein kaum war die Brigade auf der anderen Seite angekommen, und das Regiment außer der 1ten Eskadron noch nicht völlig formiert, so kamen die russischen Dragoner, auf deren linken Flügel sich die Garde-Kosaken befanden, schon auf uns zu. Der General Chastel entschloss sich kurz diese Truppe anzugreifen.

Ohngeachtet ihrer Übermacht zog sie sich zwar zurück, gab uns aber dem heftigen Kärtätschen-Feuer, der hinter ihr aufgestellten Kanonen, preis, durch welches mehrere Mannschaften und Pferde getötet und blessiert, auch den beiden Capitains v.Rabenau und v.Neubern ihre Pferde erschossen wurden. Ich selbst hatte das Unglück mein Pferd durch eine dicht neben mir einschlagende Kanonenkugel, von welcher es unter mir zusammen stürzte zu verlieren, und mich hierdurch den Tritten der feindlichen Kavallerie ausgesetzt zu sehen. Glücklicher- weise gewann ich jedoch nach erfolgtem Zurückzug des Feindes, noch so viel Zeit mich retten und auf eins der Dragoner-Pferde, noch vor dem kurz darauf erfolgten 3ten Angriff setzen zu können.

Unser Brigadier Herr General Baron Domanget ward in dieser Attacke so schwer am Kopf verwundet, dass er das Kommando der Brigade abgab, welches ich sogleich übernahm, indem der älteste Oberst des 2ten bayrischen Chevauxlegers-Regiments, von Burgscheidt, in diesem Moment vermisst wurde, und der darauf folgende Oberst des 1ten Regiments, Graf von Wittgenstein, eine Blessur im Unterleib bekommen hatte, an der er bald darauf starb.

Der Feind glaubte uns hierdurch bestürzt zu haben, er griff uns erneuernd an, ward jedoch ebenso zurück gewiesen, aber auch wir blieben dem Kartätschen-Feuer wieder ausgesetzt. Ein dritter Angriff erfolgte unserer Seits, worauf endlich das kaiserl. französ. 7te Dragoner-

Regiment zu unserer Unterstützung den Feind attackierte, der sich sodann ganz hinter seine Artillerie zurück zog, wodurch wir abermals einem ¾ stündigen Kartätschen-Feuer ausgesetzt wurden, und sowohl hierdurch, als in den beiden vorherigen Attacken folgenden bedeutenden Verlust erlitten haben als

Tot

1 Premierleutnant v.Zehmen

13 Unteroffiziers und Gemeine

Blessiert

Major v.Glaser – mehrere Lanzenstiche

Capit. v.Rabenau – Kopfhiebe

Capit. v.Salza – Schuß in die rechte Schulter

Pr.leutn. u. Adjutant v.Carlowitz – Kartätschschuß durch die rechte Achsel

Sousltn. v.Houwald – Stichwunde im rechten Schenkel

Sousltn. v.Kirchbach – Hieb in rechten Unterarm

Sousltn. v.Massow – Granatschuß in der rechten Schulter

64 Unteroffiziers und Gemeine

32 Vermisste sowie an die

110 getötete und blessierte Pferde.

Es war nahe an der Dämmerung als die Brigade den Befehl erhielt, sich aus der Schusslinie und durch das Defilée zurück zu ziehen. Sie biwakierte die Nacht hindurch auf diesem Platze, und nachdem die Schlacht so glücklich für uns entschieden war, übernahm der königl. bayrische Oberster v.Burgscheidt, der sich wieder eingefunden hatte, das Kommando der Brigade.

Ich halte es für meine Pflicht Ew. Hochwohlgebr. das tapfere Benehmen sämtlicher Offiziers und Soldaten, vorzüglich aber die nur erkennbare Entschlossenheit und Unerschrockenheit des Majors von Ziegler, der in meiner Abwesenheit das Regiment aufs schnellste zum zweiten Angriff formierte und mit so vieler Bravur den Feind angriff und ihn zum weichen brachte, anzurühmen.

Ich wünschte nichts mehr, als dass Ew. Hochwohlgebr. Augenzeuge dieses Tages hätten sein mögen, um das militärische Verdienst selbst würdigen zu können.

Den 8ten September 1812 Mittags setzte sich die Armee wieder in Marsch und verfolgte die Straße nach Mosaisk, woselbst wir gegen 4 Uhr ankamen, den Feind antrafen und von ihm mit einem heftigen Kanonen-Feuer empfangen wurden, das uns jedoch keinen Verlust verursachte. Die Division des Generals Bruyeres hatte die Avantgarde. Als sie aus dem Walde debouchierte empfing ein lebhaftes und wiederholtes Hurra der Kosaken, die jedoch indes jedes Mal zurück geworfen wurden. Der Abend und die Ankunft der Infanterie, welche in Mosaisk eindrang, machte dem Gefecht ein Ende und wir biwakierten unweit dieses Orts.

Vom 9ten bis zum 14ten September 1812 ist nichts von Bedeutung vorgefallen.

Vom 15ten bis zum 20ten September 1812 biwakiert die Division des Generals Chastel in einem Walde diesseits Moskau auf der Straße nach St. Petersburg.

Den 21ten September 1812 ward durch Moskau auf der Straße nach Kaluga marschiert.

Vom **15ten September** bis zum **3ten Oktober 1812** sind unbedeutende Gefechte vorgefallen, wobei das Regiment einige blessierte Mannschaften und getötete Pferde hatte.

Den **4ten Oktober 1812** warf der König von Neapel den Feind aus seiner festen Position bei Podolsk.

Die Brigade hatte die Avantgarde. Früh 9 Uhr fing schön das Plänkeln an. Ohngeachtet das Regiment an 8 Stunden in immerwährenden Kanonen-Feuer hielt, hatte es dadurch nur

2 Tote ⌐ Mannschaft
7 Blessierte ⌐
9 tote und blessierte Pferde

Auch zeigte das Regiment viele Unerschrockenheit, indem die Kosaken einige mal Hurra auf uns machten und die Mannschaft des **1ten** Gliedes mit angeschlagenem Karabiner es ganz ruhig abwarteten, worauf der Feind allemal wieder zurück ging.

Vom **5ten** bis **12ten Oktober 1812** ist einige Male unter den Vorposten die Übereinkunft getroffen worden, dass nichts gegenseitiges feindliches unternommen werde.

Den **12ten Oktober 1812** erhielt das Regiment 11 Zertifikate der kaiserlich französischen Ehrenlegion, als für mich, den Obersten, die beiden Majors von Glaser und von Ziegler, die Capitaines Lessing, Prinz von Waldeck und von Salza, die Leutnants von Carlowitz und von Fehrenteil, die Wachtmeister Stockfisch und Lehmann und den Fahnjunker Rasch.

Auch fühle ich mich verpflichtet, die Capitains Rabenau, von Stutterheim und Baron von Gutschmidt, die Prem.leutn. von Gordon und Hoyer, die Sousleutn. von Schollenstern und von Massow und Regiments-Chirurgus Schrickel in Hinsicht seiner bewiesenen großen Uner-schrockenheit und Tätigkeit zum St. Heinrichs-Orden, sowie die Wachtmeister Beier und Labisch, die Korporals Unger, Laaser und Brunzel zur goldenen Medaille untertänigst zu empfehlen.

Die Namen der übrigen Unteroffiziers und Gemeinen sind mir aus dem Gedächtnis gekommen, bei deren etwaigen Eintreffen werde ich nicht verfehlen, selbige in Vortrag zu bringen.

Den **18ten Oktober 1812** war ein Überfall von der ganzen feindlichen Armee, wobei das Regiment an Toten

1 Fourier

1 Korporal

2 Gemeine

5 getötete und blessierte Pferde

hatte. In der Nacht

des **26ten Oktober 1812** wurde die Retraite angetreten, wobei unsere Brigade die Arriere-Garde hatte.

Den **31ten Oktober 1812** wurde die Division des General Chastel gänzlich aufgelöst und befohlen, dass jedes Regiment den Weg nach Smolensk nehmen sollte.

Mein unterhabendes Regiment war nur noch 13 Offiziere, 2 Unteroffiziere und 3 Gemeine stark.

Das Elend mit welchem das Regiment vom 13ten August, besonders aber vom 4ten Oktober an, hat kämpfen müssen, bin ich nicht im Stande Ew. Hochwohlgebr. zu schildern, weil es sich nicht beschreiben lässt. Ein großer Teil des Regiments ist verhungert und erfroren.

Die sämtlichen Offiziers, so auch ich, haben unsere sämtlichen Pferde und Equipagen verloren, und bringen von Kleidungsstücken nichts weiter davon, als was wir auf dem Leibe haben.

Ew. Hochwohlgebr. werden aus den beigeschlossenen Verzeichnis die so geringe Anzahl der noch gegenwärtigen Offiziers, noch mehr aber der Unteroffiziers und Gemeinen, die alle beträchtlich krank sind, und nicht so bald hergestellt werden möchten, zu ersehen geruhen.

Durch die Gefangennehmung des Vice-Adjutanten Leutn. Fehrenteil, Stabs-Sekretär und meines Domestiken, wobei wie schon erwähnt, alle Journale und Papiere verloren gegangen sind, komme ich für meine Person selbst in die größte Verlegenheit, Unordnung und Schaden, indem auch diejenigen mit darunter begriffen sind, auf welchen die beträchtlichen Geld-Vorschüsse, so ich denen Offiziers, Unteroffiziers und Gemeinen von Zeit zu Zeit gemacht habe, verzeichnet waren.

Erlauben Ew. Hochwohlgebr. mich nebst den kleinen Reste des Regiments Hoch Dero gnädigen Wohlwollen untertänigst zu empfehlen.

Rastquartier Elbing am 23ten Dezember 1812

Heinrich August Lessing   Oberster

Verzeichnis
Der präsenten und absenten Offiziers, wie auch der präsenten Unteroffiziers und Gemeinen vom Regiment Prinz Albrecht Chevauxlegers

No.	Charge	Name	Wo sie sich befinden	Beschaffenheit der Gesundheit	Anmerkung
1	Oberst	Lessing	präsent	Reißen in den Füßen, Brustschmerzen, hämmoridale Zufälle	
2	Oberst-Leut.	v.Moerner	absent		im Garnisons-Depot
3	Major	v.Glaser		hatte die Füße erfroren u. war sehr geschwächt	wahrscheinlich gestorben, bei Wilna vermisst
4	Major	v.Ziegler	präsent		
5	Major	v.Helbig	präsent	Reißen in den Füßen	
6	aggr. Major	v.Unruh	präsent	Sackbruch, Brust-schmerzen / Ganz-Invalide	
7	Capitain	v.Rabenau	präsent	durch Frost 4 Zehen am rechten Fuß verloren, durch Pferdesturz u. Blessuren bedarf er einer langwierigen Behandlung	
8	Capitain	Lessing	präsent	Brustschmerzen, Gicht u. bedeutende Abnahme d. Körpers	
9	Capitain	v.Neubern			ist am 6ten Dez. in Wilna gestorben
10	Capitain	Prinz v.Waldeck	präsent	erfrorene Füße	

No.	Charge	Name	Wo sie sich befinden	Beschaffenheit der Gesundheit	Anmerkung
11	Capitain	Grahl	präsent	Brustschmerzen, Gicht, hämmoridale Zufälle, Anschwellung der Blutgefäße beider Unterschenkel, auch bedeutender Krampfader-Bruch	
12	Capitain	v.Stutterheim	absent		ist wahrscheinlich vor Wilna im Dez. gefangen
13	Capitain	v.Salza	absent	hatte erfrorene Hände und Füße	bei Wilna vermisst, wahrsch. gestorben
14	aggr. Capit.	v.Gutschmidt	präsent	gesund	
15	Prem.leutn. u. Adjutant	v.Carlowitz	absent	blessiert 7ten Septbr. durch die rechte Achsel	nach Sachsen zurück gegangen
16	Prem.leutn.	v.Stutterheim	absent	lahm an Gicht	nach Sachsen zurück gegangen d.1ten Juni
17	Prem.leutn.	v.Gordon	präsent	gesund	
18	Prem.leutn.	v.Helbig	absent		im Garnisons-Depot
19	Prem.leutn.	v.Mangold	absent		einige Tage vor Wilna vermisst
20	Prem.leutn.	Hoyer	absent		von Smolensk aus im Novbr. vermisst
21	Prem.leutn.	Zehmen			am 7ten Septbr. geblieben
22	Prem.leutn.	Klotzsch	präsent	gesund	
23	Sousleutn.	v.Metzsch			am 19ten Septbr. in Krasnoi gestorben
24	Sousleutn.	v.Houwald	absent		von Smolensk aus im Novbr. vermisst
25	Sousleutn.	v.Fehrentheil	absent		seit Borissow u.d. Übergang über die Beresina vermisst

No.	Charge	Name	Wo sie sich befinden	Beschaffenheit der Gesundheit	Anmerkung
26	Sousleutn.	v.Schollenstern	präsent	gesund	
27	Sousleutn.	Richter	präsent	gesund	
28	Sousleutn.	v.Biela	präsent	gesund	
29	Sousleutn.	v.Massow	absent	am 7ten Septbr. durch Granatschuss an der rechten Schulter blessiert, hatte erfrorene Hände und Füße	im Dezbr. in Wilna zurückgeblieben
30	Sousleutn.	Roeder v.Bomsdorf	absent		im Monat Juli in ein Felddepot geschickt
31	Sousleutn.	von Krichbach	absent	am 7ten Septbr. durch Hieb am rechten Unterarm blessiert, hatte erfrorene Hände und Füße	im Dezbr. in Wilna zurückgeblieben, wahrscheinlich tot
32	Sousleutn.	v.Kutzschen-bach	absent	hatte Fieber	ist seit August bei der Eskorte vermisst
33	Sousleutn.	v.Klüchzner	absent	hatte Hände und Füße erfroren	im Dezbr. in Wilna zurückgeblieben
34	Sousleutn.	v.Langen	absent	desgleichen	desgleichen
35	Sousleutn.	v.Berge	absent	die Füße erfroren	bei Gumbinnen im Dezbr. zurückgeblieben
36	Sousleutn.	v.Stempel	absent		hinter Smolensk im Novbr. gefangen
37	Sousleutn.	v.Leisnig	absent		in ein Depot nach Moskau geschickt u. seitdem nicht wieder gesehen
1	Rgt.s-Chirurg	Schrickel	präsent	klagt über Mangel an Kräften	

Rastquartier Groß-Nebra b. Neunburg d, 27^{n} Dezbr. 1812

Heinrich August Lessing
Oberster

Verzeichnis

der gegenwärtigen Unteroffiziers und Gemeinen vom Regiment Prinz Albrecht Chevauxlegers

No.	Charge	Name	Beschaffenheit der Gesundheit	Anmerkung
1	ag. Wachtm.	Putzgen	die rechte Hand u.d. linken Fuß erfroren	
2	Fahnjunker	Kappler	beide Füße erfroren	
3	Fahnjunker	Elsner	beide Füße erfroren	
4	Korporal	Blonka	linken Fuß erfroren	
5	Korporal	Brunzel	beide Füße erfroren	
6	Dragoner	Arndt	beide Füße erfroren	
7	Dragoner	Dittmann	beide Füße erfroren	
8	Dragoner	Apelt	beide Füße erfroren	
9	Dragoner	Philipp	linken Fuß erfroren	

Rastquartier Groß-Nebra b. Neunburg d, 27^{n} Dezbr. 1812

Heinrich August Lessing
Oberster

Ergänzungen des Kapitäns Grahl

<u>Zur Abkommandierung des Regiments</u>

Das Regiment wurde so unerwartet und schnell dem sächsischen Korps entzogen, so dass der Generalleutnant von Gutschmidt, der darüber den größten Unwillen äußerte, nur noch Gelegenheit fand, einen Unteroffizier von meiner Kompanie, den Fahnjunker Brokowsky, den er, bereits nach Abmarsch des Regiments, unterwegs fand, einen Befehl in die Schreibtafel zu diktieren, der dem Regiment streng untersagte, weder ein im Dienste des Korps entsendetes Kommando noch selbst eine einzelne Ordonnanz an sich zu ziehen.

<u>Zur 5.Kompanie, die beim sächsischen Hauptquartier zurückblieb</u>

Ist mir nicht erinnerlich, wohl aber war der Hauptmann von Rabenau und Leutnant von Gutschmidt mit wenigstens 50 Pferden aus dem Regiment beordert, dem sächsischen Korps einen starken Mehltransport aus Sachsen nachzuführen. Dieses Kommando traf jedoch erst den 1sten August in Witepsk, unter Zurücklassung vieler Mannschaften bei dem sächsischen Korps, zur großen Armee, und ging von da dem Regiment, das am Dnieper in der Gegend von Orza stehen sollte, nach.

<u>Zum Kantonnement bei Kostin (09.-22.05.1812)</u>

Der Durchmarsch der französischen Garde durch Kostin, der den 11ten Mai begann, bewirkte bereits eine Veränderung der Dislokation des Regiments. Der Stab wurde aus Kostin nach Razotin gelegt. Der Vizekönig von Italien ging den 13ten durch Kostin.

Schon den 21ten erfolgten Marschbewegungen in der Brigade.

Zur Revue am 16.05.1812

Den 16ten Mai passierte das Regiment, nebst den zwei bayrischen Regimentern Bubenhofen und Municci, vor dem General Grouchy Revue und führte nach dieser mehrere Bewegungen glücklich aus. Im Gefolge Grouchy's wollte man gehört haben, wie er nach dem Bewegungen des Regiments Albrecht zum Brigade-General Domanget „les ranges sont plus forts" gesagt und dieser „ne l'ai je pas dit" erwidert habe.

Zum 31.05./01.06.1812

In der Nacht vom 31ten Mai zum 1sten Juni: Meine Kompanie wurde Nachts 1 ½ Uhr am rechten Weichsel-Ufer ausgeschifft. Von Türen, Torwagen, Fensterläden mussten die Apponelles zu den Kähnen gebaut werden und nicht selten sprangen unsere noch mutigen Rosse gewaltsam heraus oder herein und schleuderten ihre Führer, nach Befinden, sogar ins Wasser.

Dieser Übergang war umso unerwarteter als Tags zuvor das Regiment Ordre erhielt, ein ausgedehntes Kantonnement, wobei meiner Kompanie allein 6 Dörfer zugeteilt wurden, zu beziehen.

Zu den Märschen vom 02.06.1812 an

Über die Märsche des Regiments von der Weichsel bis zum Niemen gibt mein Tagebuch einige nähere und andere Zeitbestimmungen an.

Diesem nach ging das Regiment den 2ten Juni in einem Marsch von 14 Stunden bis in die Gegend von Sierpe, den 3ten nach Bizun, wo das ganze Regiment sich einquartierte. Von hier aus wurde der Leutnant Klotzsch an den Herrn Generalleutnant von Lecoq mit Nachrichten vom Zustande des Regiments abgesendet.

Den 4ten traten wir über die altpreußische Grenze und übernachteten in der Gegend von Bursch.

Den 5ten Groß-Olitschau bei Neideburg.

Den 6ten bezogen wir eine Kantonierung bei Neideburg, blieben in derselben jedoch kaum 1 ½ Tage und marschierten darauf durch eine höchst traurige, sandige Gegend über Ortelsburg, wo wir vor Grouchy Revue passierten, und Sensburg, in die Gegend von Rastenburg. Von Ortelsburg wurde die Gegend angenehm, grün, hügelig und mit Seen übersät.

Am 11ten musterte uns unser Divisionär, Generalleutnant Chastel.

Den 13ten ging das Regiment durch die zwei Städtchen Reni und Laetzen, in die Gegend des letzteren.

Den 14ten des Nachts wurde die erste Bereitschaft kommandiert. Überhaupt herrschte eine große Besorgnis ja Ängstlichkeit unter den französischen Befehlshabern; sie erschöpften nicht selten die Truppen durch lauter Vorsichtsmaßregeln. So erhielten wir vom 20ten an, wo das Regiment die Orte Kivi, Pasinelli und Kukli bezogen hatte, Befehl, zu Nachts aufgesessen zu halten und am Tage durfte nur wechselweise umgesattelt werden, obschon vom Feinde nur einzelne Kosaken-Posten jenseits des Niemen wahrgenommen wurden.

Den 22ten brachen wir des Abends 10 Uhr auf in der Richtung auf Olitta, veränderten diese aber bald, so wie wir überhaupt bis zum 25ten unter fortwährenden Direktions-Veränderungen Tag und Nacht marschierten und in 24 Stunden kaum 6 Stunden Ruhe genossen. An diesem Tage, aus dem Biwak bei Jakimnitzky /: vielleicht Szanieriky :/ brachen wir nachmittags 4 Uhr auf und wendeten uns sofort nach Bonamunyc und erreichten, um zur rechten Zeit einzutreffen, den General Chastel an der Spitze, in mehrstündigem Trabe, wobei die Queue, wegen Unregelmäßigkeit des Marsches, sich in Galopp setzen musste, die waldbewachsenen Ufer des Niemen, den wir sofort auf einer Schiffsbrücke passierten. Durch die Eile und Unordnung des Marsches verunglückten mehrere Mannschaften.

Zur Art des Marsches

Besonders litt die Kavallerie durch die Art des Marsches. Man marschierte ununterbrochen in großen Kavallerie-Massen, meist in einem halben Trott und stets rechts ab. Die Tete nahm nie Rücksicht auf die nachfolgende Kolonne und die Hindernisse, die sie zu bestehen hatte. Da die Kavallerie auf Nebenwegen geführt wurde, so musste sehr oft des Tages, sogar einzeln abgebrochen werden. Welch eine Ausdehnung dadurch eine Brigade oder Division erhielt ist leicht zu berechnen.

Die Tete marschierte sogar dann rücksichtslos fort, wenn Brücken brachen oder sonst ungewöhnliche Marschbehinderungen eintraten. Da dennoch aber streng auf ununterbrochene Kolonne gehalten wurde, so mussten oft und mehrmals des Tages ganze Regimenter der Queue stundenlang traben, ja galoppieren.

Bei dieser Art des Marsches ist es allein erklärlich, dass mir bei dem Einmarsch in Moskau bereits 44 Pferde von der Kompanie fehlten, von denen nur 7 durch den Feind verloren gegangen waren.

Zu Pferdeverlusten auf dem Marsch

Nach meiner Bemerkung fielen vom Regimente am 4ten Juni 1812 auf dem Marsch vom Bizun nach Bursch nur 13 Pferde, mehrere verschlugen und wurden zum Dienst unbrauchbar. In einem kleinen Dörfchen dieses Weges, in welchem das Regiment Halt machte und in Eskadrons eine geschlossene Kolonne bildete, fielen in noch nicht einer Viertelstunde 6 Pferde unter ihren Reitern. Sie fingen an heftig zu schwitzen, zu zittern, stürzten zusammen und starben, indem sie anschwollen, konvulsivisch.

Nach meiner Beobachtung aber dürfte weniger das Füttern grünen Getreides und die Anstrengung der Märsche als vielmehr das Füttern von alten, gelegenen, vielleicht sogar gedörrtem Korn, das in Bizun aufgefunden wurde, diese Niederlage verursacht haben.

Das 1ste bayrische Regiment verlor auf gleiche Weise 8 Pferde.

Wahrscheinlicher ist allerdings eine andere Ursache, denn außerdem hätten sich diese Fälle oft wiederholen müssen, da die Anstrengungen der Märsche sich meist gleich blieben und stets Grünes von den Feldern gefüttert wurde.

Die Bestürzung in jenem Dörfchen war grenzenlos, denn jeder glaubte mit seinem Pferde augenblicklich zusammenzustürzen, besonders da viele Pferde die Symptome jener Krankheit zeigten.

Das Dorf wurde, in abergläubischer Furcht, wie ein Ort der Pest geflohen und vor dem Dorfe verbreitete sich das ganze Regiment und jeder betrachtete und untersuchte sein Pferd in banger Erwartung.

Zur Disziplin

Schon auf diesen Märschen zeigten sich die verdenklichsten Unordnungen. Nowi Troky wurde von französischen Truppen geplündert und ihr Beispiel wirkte, bei dem Mangel an Allem, auch auf die Deutschen.

Zur 2.Eskadron, die zum kaiserlichen Hauptquartier kommandiert wurde

Die Escadron, die den 30ten Abends in dem Hauptquartier zur Disposition des Prinzen Berthier eintraf, wurde in Witepsk unter die Befehle des Generals Kreuzer gestellt und formierte mit mehreren französ. Kavallerie-Abteilungen und einem badischen Infanterie-Regiment unter dem Obersten Baron von Beglin eine

Brigade unter dem Namen: Truppen des Hauptquartiers. Die Bestimmung der Eskadron war, allenthalben den Kaiser zu begleiten. Sie biwakierte stets in seiner Nähe und stellte sich während der Schlachten und Affairen so wie überall, wo er länger verweilte, bei seiner Person auf. So war es bei Smolensk, Borodino, bei dem Einmarsch in Moskau, bei Malaroslawez usw. Sie war daher oft genötigt, zwei und drei Tagesmärsche der Truppen in 24 Stunden, gleich dem Kaiser zurückzulegen.

Bei dem Übergang über die Beresina befehligte der Kaiser diese aus 12 bis 15 Pferden bestehende Eskadron den Weg auf Zembin zu rekognoszieren, weshalb auch Generals Befehl erhielten, ihr, durch das Gewühl der Truppen, den Weg über die Brücke zu eröffnen. Wir fanden den Weg offen, obschon Tages zuvor Kosaken aus diesem Örtchen alle Lebensmittel weggeführt hatten.

Wäre dieser Weg, der durch Sümpfe und Waldungen mehrere Stunden auf schmalen Dämmen hinzog und über unzählige kleine Brücken führte, inpraktikabel gewahrt worden, wie es durch 30 Bauern in einem Tage geschehen konnte, so wäre gewiss noch die Hälfte der der Beresina entronnenen Leute und Pferde, besonders aber alles Geschütz verloren gegangen.

Von einem Requisitionskommando ist mir aber nie etwas bekannt geworden.

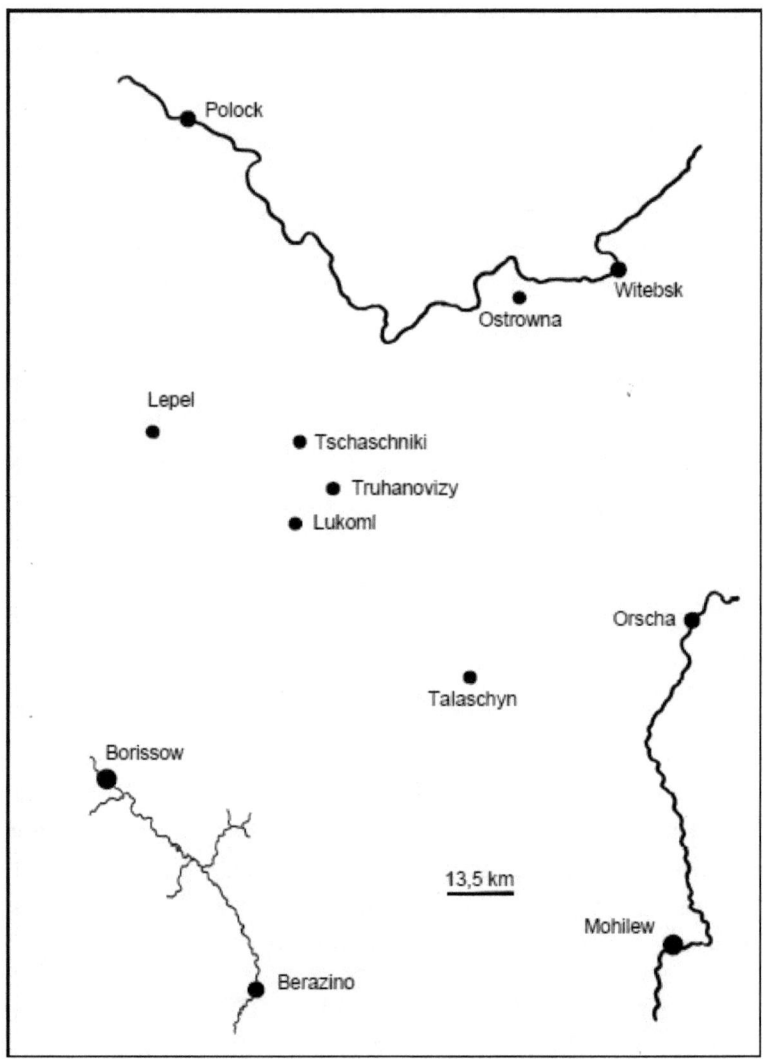

Abb. 03   Gegend zwischen Borissow, Orscha,
               Polock und Witebsk

Zum Stand der Löhnung sowie Verlust von Regiments-Equipage, –Kasse und -Archiv

Oberst v. Lessing (Schreiben vom 25.11.1814)

Soviel ich mich aber zu erinnern getraue, ist von der Wirtschaftskommission sowohl den Offiziers das Traktament als auch den Kompanien für die Mannschaft die Löhnung und Hufschlag nur bis den Monat Juni ausgezahlt worden, da nachhero auf französische Anordnung sämtliche Proviantwagen, worauf sich auch die Regiments-Gelder befanden, zurück bleiben mussten und von dieser Zeit an nicht mehr zu den Regimentern kamen....

Im Monat August war ich genötigt, den Kompanie-Kommandanten auf die damaligen noch präsenten Mannschaften eine 10tägige Löhnung aus meinen Mitteln vorzuschießen, damit selbige wenigstens ihre Pferde beschlagen lassen konnten.

Major v. Unruh (Schreiben vom 25.11.1814

Ew. Hochwohlgebr. habe ich die Ehre gehorsamst anzuzeigen, dass nicht ich, sondern der jetzige Oberst-Leutnant v. Glaser im Laufe der Kampagne 1812 Präses der Wirtschafts-Kommission des ehem. Regiments Prinz Albrecht Chevauxlegers war und ich mich folglich außer Stande befinde, offizielle Anzeige der damaligen Geld-Verpflegung des Regiments zu erstatten.

Inzwischen hat sich, wie ich erst im Monat Febr. 1813 das Präsidium überkam, aus denen Rechnungen so viel ergeben: Dass die Mannschaft der 1ten, 3ten und 4ten

Eskadron vom 11ten Juli 1812, die der 2ten Eskadron aber, welche als Eskorte im Hauptquartier des Kaisers Napoleon kommandiert stand, schon vom 1ten Juli die Löhnung zu fordern hatten. Die 10tägige Löhnung für erwähnten 3 Eskadrons hatte der Herr General Lessing prokuriert und denen Kompanien vorgeschossen....

Das im Januar 1813 das zurückkehrende ganze Regiment nur aus ca. 15 Offiziers und 8 Unteroffiziers und Gemeinen bestand, ist leider nur allzu bekannt. Diese, sowie die wenigen Leute, die späterhin einzeln sich noch wiederfanden, stießen zum Depot, welches sofort in die Gegend Großenhain aufbrach, allwo die besten Leute und Pferde in die provisorischen Eskadrons ausgehoben wurden, die im Febr. 1813 sich formierten.

Als im Juli a.p. das Ulanen-Regiment komplettiert und auf einen stärkeren Etat erhoben werden sollte, so wurden die noch übrigen Mannschaften und Pferde sämtlich an das Ulanen-Regiment abgegeben und so nach das Regiment, bis auf das Personal der Wirtschafts-Kommission, welches zur Beendigung des Rechnungs-Wesens noch beibehalten wurde, gänzlich aufgelöst.

Der sogleich wieder ausgebrochene Krieg machte den Marsch nach Schleusingen notwendig, wo unterwegs nicht allein nichts gearbeitet, sondern nicht einmal das Archiv fortgebracht werden konnte. Das Gros desselben wurde daher, weil der Feind drängte, in Querfurt deponiert und allda wird wahrscheinlich viel davon verloren gegangen sein, weil, wie ich gehört, denen Kosaken dieses und mehrere dortige Deposita verraten worden sein soll.

Oberstleutnant v. Glasser (Schreiben vom 16.12.1814)

So sehr ich wünsche, meiner Pflicht gemäß Ew. Hochwohlgeb. über die Verwaltung der Wirtschafts-Kommission im Regiment Albrecht während es Feldzuges 1812 die zuverlässigste Auskunft geben zu können, ebenso unmöglich ist es, da ich beim Übergang über die Berezina mein letztes Pferd, den geringen Überrest meiner Equipage und mit ihm alle Papiere, die mir zur Übrsicht der Rechnungswesens dienen konnten, verloren habe....

Ich erinnere mich nämlich bestimmt, dass auf ausdrücklichen Befehl des Brigade-Generals Dommanget in den letzten Tagen des Monats Juni 1812 sämtliche Wagen über die Memel zurück geschickt wurden und dass bei den Wagen sich der Leutnant v. Biela und die beiden Fouriers Liske und Petschke kommandiert befanden. Hieraus ergibt sich, dass das Regiment Albrecht von der Wirtschafts-Kommission nur bis ultimo Juni Offiziers-Traktament und Löhnung erhalten haben kann, da von dieser Zeit an jede Kommunikation mit der Equipage aufhörte.

Fourier Johann Christian Lieske (Rapport vom 18.01.1815)

...In der Mitte des Monats Juni wurden nach einem erlassenen Armee-Befehl von Sr. Majestät des Kaisers Napoleon, alle unberittene franz., Königl. sächs. und bayr. Kavallerie-Mannschaft in Wilna gesammelt und in ein Depot formiert, welches in einige Tagen darauf von da ab und nach Meritz am Kiem in die Depotquartiere gegangen ist. Bei diesem Depot waren auch die

Proviant-Wagen von dem Regiment Prinz Albrecht Chevaulegers, worinnen sich die Regiments-Kasse mit den Papieren befand.

Der Leutnant v. Schollenstern hatte das Kommando von den Mannschaften des Regiments Albrecht und von den 1ten und 2ten Bayrischen Chevauxlegers Regiment in dem Depotquartier zu Meritz. Unter diesen Mannschaften befand ich mich so wie der Fourier Peschke gleichfalls mit dabei.

Am 28ten Septbr. 1812 wurde ich von Meritz aus mit einem Kommando, bestehend aus französischen, sächsischen und bayrischen Mannschaften nach Warschau, um daselbst für die damalige große franz. Armee Remonte-Pferde abzuholen und selbige zu gedachter Armee nach Moskau zu überbringen, kommandiert.

Bei unserem Eintreffen Ende des Monats Oktbr. 1812 in Warschau erhielten wir von dem dasigen französischen Gouverneur den Befehl, da keine Pferde vorhanden wären, so sollten die Mannschaften zu den daselbst stehenden Feld-Depots stoßen. Diesem Befehl bin ich dann auch nachgekommen und habe mich mit noch 28 Mann von dem Regiment Albrecht bei dem damaligen Depot-Kommandanten von der Sächs. Kavallerie, Herrn Oberst-Leutnant v. Wolfersdorff in Warschau gemeldet, und bin im Depot daselbst aufgenommen worden.

Der Fourier Peschke ... ist im Depot zu Meritz bei den Proviantwagens zurück geblieben....

Fourier Friedrich Ferdinand Peschke (Rapport vom 20.02.1815)

...Die zurück gebrachte Regiments-Kasse nebst dem Regiments- und Wirtschaftsarchiv habe ich in Dresden bei dem Herrn General Leutnant von Gersdorf abgegeben, selbst die Kasse eröffnet, inventiert, und das in Gegenwart hochgedachten Generals von dem damaligen Sekretär Schneider darüber aufgenommene Protokoll sowie die Kasse selbst mir zur weiteren Abgabe an das Regiments-Kommando wieder übergeben wurde.

Nachdem ich nun diesem Befehl zu Folge die Regiments-Kasse und alle dahin einschlagende Skripturen in Lübben an den damaligen Obersten Lessing übergeben hatte, erhielt ich von Hochebenselben die Weisung, mich der schleunigen Fertigung und Beendigung der diesfallsigen Rechnungen zu unterziehen, welche auch bei den damals noch vorhandenen und bis zur letzten Zahlung mit möglichster Genauigkeit geführten Kassen-Journale, so wie der sämtlichen Löhnungslisten und übrigen Belegen sehr leicht und in kurzer Zeit von mir geschehen sein würde, wenn ich nicht zu dem Kürassier-Regiment von Zastrow und zwar mit dem Befehl sofort bei selbigen einzutreffen, versetzt worden wäre.

Bei meinem Abgang vom Regiment Prinz Albrecht sind, da sich der Regiments-Quartiermeister Canzler mit dem Rechnungswesen des mobilen Regiments nicht befassen wollte, auf Befehl des Herrn Oberst Lessing sämtliche zur Kasse gehörigen Rechnungen und Papiere bis auf weitere Anordnung bei der Depot-Wirtschafts-

Kommission gedachten Regiments versiegelt niedergelegt worden.

Von der gänzlichen Auflösung des Regiments ist mir nichts bekannt, indem ich bereits früher und zwar Ende Juni 1812 mit der Equipage in die Gegend von Wilna zurück geschickt worden bin.

In Betreff der verloren gegangenen sein sollenden Regiments-Equipage aber muss ich bemerken, dass die komplette in fünf mit 20 Pferden bespannten Decken-Wagen bestandene Equipage des Regiments gleichfalls von mir zurück gebracht und an den Herrn Oberst Lessing behörig übergeben worden ist.

๛ ✴ ๛

Abb. 04   Gegend von Lübben und Forst

Das Regiment Johann im Feldzug von 1812

Das Regiment Johann war bestimmt im Lande zu verbleiben. Auf Wunsch/Befehl des Kaisers wurde das Regiment – über das erfüllte bundespflichtige Kontingent – zur Armee gezogen und der Kavallerie-Division Fournier im IX. Armee-Korps zugeteilt.

Das IX. Korps unter dem Marschall Victor bestand aus:

12. Infanterie-Division	Partouneaux
Brigade Camus	10e und 29e leichte Regiment
Brigade Blanmot	1 prov. und 125e Linienregiment
Brigade. Billard	44e und 126e Linienregiment
Frz. Fuß-Artillerie	

26.Infanterie-Division	Dändels
Brig. Damas (Berg)	1e und 4e Regiment
Brig. Lingg (Berg)	2e und 3e Regiment
Br. Hochberg (Baden)	1e, 3e Regiment, 1e leichte Btl.
Bergische und badische reitende und Fuß-Artillerie	

28. Infanterie-Division	Girard
Brigade (Polen)	4e, 7e und 9e Regiment
Brigade (Sachsen)	Regimenter Low und Rechten

Kavallerie-Division	**Fournier-Sarloveze**
30. leichte Brigade	Delaitre
2. bergischen Lanciers	Nesselrode
Hessischen Chevauxlegers	Dalwigk
31. leichte Brigade	la Roche
Badische Husaren	Cancrin
Prinz Johann Chevauxlegers	Rayski

Das Regiment brach am 16.06. aus der Garnison auf und erreichte am 17.07. Königsberg, den Sammlungspunkt des Korps.

Die Division verließ am 30.08. Tilsit. Hier hörte die regelmäßige Verpflegung auf und war nur noch durch Requisition zu erlangen.

Am 30.10. erfolgte die Vereinigung mit dem II. Armee-Korps in der Gegend von Lepel.

Das Regiment Johann hatte nun täglich Plänkeleien und am 06. und 07.11. ein Gefecht bei Lukomla. Am 12.11. focht es bei Slobodka und am 14.11. bei Smoliany.

In der Nacht vom 16./17.11. brach in einem Stall des Regiments Feuer aus und es verbrannten 7 Pferde.

Am 26.11. wurde die Division dem Korps Davout (I.) zugeteilt und sollte mit diesem den Rückzug der großen Armee decken.

Am 27.11. der Brigade Delaitre zugeteilt, wurde das Regiment – noch rund 200 Reiter stark - mit dieser am 28.11. eingeschlossen und musste sich kriegsgefangen ergeben.

Tagebuch des Hauptmann Johann Ludwig Vitzthum von Eckstädt vom 16.06.1812 bis mit 28.11.1812

16 Juni – Abmarsch aus der Garnison Schmiedeberg, über die Elbe bis hinter Zahna bei Wittenberg

17 Juni – Borgsdorf

18 Juni - Städtchen Golsen

19 Juni - Über die Spree, Lübben

20 Juni - Schlagsdorf bei Guben, bis mit 24ten daselbst stehen geblieben, den 23ten Revue vor dem General von Gersdorff, das Regiment erhielt hier das neue Gewehr

25 Juni - Durch Guben über die Neiße und durch Krossen über die Oder gegangen, Quartier im Dorfe Bilow

26 Juni - Über die Oder gegangen, Quartier Kaltzig bei Züllichau

27 Juni - Rasttag

28 Juni - Über die polnische Grenze, Quartier Köznitz

29 Juni - Tarnowe

30 Juni - Slupia

1 Juli - Durch Posen über die Wartha, Quartier Zegrzy bei Posen

2 Juli - Rasttag; hier kamen die Avancements und 50 Taler[5]

---

[5] Auf königlichen Befehl erhielten alle Rittmeister/Capitains 2.Kl. und Leutnants 50 Taler Gratifikation zur Anschaffung der Feldequipage.

3 Juli - Budewitz, ein elendes Städtchen

4 Juli - Gnesen

5 Juli - Mogilno

6 Juli - Schiwischlow

7 Juli - _____ Biwak früh bei Gniewkowo, Quartier in Grosnichewsky bei Thorn

8 Juli - Rasttag

9 Juli - Rasttag

10 Juli - Bei Thorn die Weichsel passiert, Quartier Zyglond bei Culmsee. Ein langer schwerer Marsch

11 Juli - Durch Graudenz, Quartier Grossbiallochawo bei Graudenz

12 Juli - Marienwerder passiert, Quartier Grossweiden

13 Juli – durch Marienburg, Quartier Altfelde ein reiches schönes Dorf

14 Juli – den Pregel passiert; durch Elbing, Quartier Pohmerendorf

15 Juli – durch Frauenberg, Quartier Huntenburg am Haff. Hier wurden zum ersten Mal gelieferte Lebensmittel gekocht

16 Juli – Weslin am Haff bei Braunsberg

17 Juli – Braunsberg und Brandenburg passiert. Am letzten Orte formierte sich das Regiment und passierte, nachdem es der Gouverneur gesehen, Königsberg. Quartier Wangen bei Königsberg, bis mit 21ten Juli daselbst stehen geblieben.

22 Juli – nach dem Hufen bei Königsberg marschiert. Wir blieben hier bis mit 8ten August stehen. Den 26ten Juli früh Revue bei starkem Regen. Den 27ten Juli früh auf Feld-wacht gerückt. Den 29ten Juli kam die Nachricht von der Schlacht und russische Gefangene trafen in Königsberg ein. Den 3ten August am Geburtstag des Königs wurde im Theater Kaspar der Toringer aufgeführt, und Abends war die Stadt schlecht erleuchtet. Den 5ten August wurde früh bei großer Hitze exerziert. Den 6ten August Ankunft des Herzogs, wir bekamen Ordre zu marschieren. Den 7ten August Revue vor dem Herzog bei starkem Regen. Den 8ten August Rasttag.

9 August – Abmarsch, Quartier Gründen, Gut des Grafen Trenck.

10 August – durch Tabian nach Schmilginnen

11 August – Petartschen bei Tilsit

12 August – durch Tilsit über den Niemen, Quartier Stumprahinnen. Nachmittags 5 Uhr wurden die ersten Feldwachen gegen den Feind ausgesetzt. Wir blieben hier bis mit 29ten August stehen. Den 19ten August Revue vor dem Brigadier, Obrist la Roche, den 20ten August Rast, den 21ten August Revue vor dem Divisions-General Fournier, die ganze Division, 3 Regimenter Kavallerie manövrierten unter Kommando des Divisionärs. Den 29ten August Ordre zum Abmarsch.

30 August – früh 4 Uhr von Stumprahinnen ausmarschiert, die Division wurde formiert und blieb von nun an beisammen. Nachtquartier Wischwill am Niemen.

31 August – durch Georgenburg einen elenden Ort marschiert. Nachtquartier Skirimona, es wurde halb biwakiert.

1 Septbr – Nachtquartier Matischko

2 Septbr – beschwerlicher Marsch durch Szretnick, Wiki nach Nowotzschewe, Abends ½ 10 Uhr ins Quartier gekommen.

3 Septbr – Rasttag

4 Septbr – über die Nieweschna gegangen, durch Kowno über die Willia. Biwak am Wald.

5 Septbr – bis Sismori marschiert, die Pferde von 3 Eskadrons wurden in einer Scheune untergebracht, alle Offiziere in einer Stube.

6 Septbr – Biwak bei Grasna

7 Septbr – kamen wir nach Wilna in die Vorstädte, seit 4 Wochen zum ersten mal wieder ordentlich gegessen und getrunken, wir lagen übrigens sehr schlecht.

8 Septbr – Rasttag

9 Septbr – Biwak beim Städtchen Mitnicki

10 Septbr – Biwak im Dorfe Rutnick beim Städtchen Uschmen

11 Septbr – Biwak beim Städtchen Schmurgan, ganz erbärmlich

12 Septbr – durch Binitze marschiert, Biwak beim Städtchen Molotetzna, in dieser Gegend waren hübsche Dörfer.

13 Septbr – guter Biwak bei Rattischkowi

14 Septbr – Minsk, schlechte Stadt, mehrere vor den Häusern verfaulende abgeschundene Pferde verbreiteten einen entsetzlichen Geruch

15 Septbr – Rasttag in Minsk, die Leute lagen sehr schlecht, das ganze Regiment in einem Hofe mit einer Menge russischer Gefangener zusammen.

16 Septbr – Abmarsch von Minsk durch den Wald bis Schmalowitz, hier lagen die ersten toten Russen am Wege.

17 Septbr – Marsch bis Porischko wo wir eine starke, von den Russen verlassene Position antrafen. Wir hatten schon seit einigen Tagen auf dem Marsche viel vom unerträglichen Staub zu leiden.

18 Septbr – Langer Halt vor dem Abmarsche weil ein Dragoner der 2ten Eskadron eine Frau erschlagen hatte. Mein Trompeterscholar hatte am 17ten Abends einen Anfall von Raserei bekommen, besserte sich jedoch heute Morgen. Wir hatten überhaupt einige 80 Kranke im Regiment. Auch an diesem Tag sahen wir auf dem Marsche Tote am Wege liegen und begegneten, wie schon einige Tage vorher, einer großen Anzahl Blessierter. Den Ort des Biwaks konnten wir heute nicht namentlich erfahren, da alle Einwohner geflüchtet waren. Den Nachmittag wurden wir durch ein Gewitter, hier um diese Zeit eine Seltenheit, tüchtig eingeweicht.

19 Septbr – sehr kurzer Marsch. Biwak bei Bober, aus meiner Hütte musste ich erst einen toten Soldaten herausschaffen. Ein Gericht weiße Rüben mit Rindfleisch was ich mir heute bereitete gab eine köstliche Mahlzeit. Unser Marsch ging fortwährend durch Wald.

20 Septbr – Marsch bei starkem Regen und fürchterlichem Weg. Biwak Städtchen Dolotschin an der Trutzsch. Die Leute im Ort waren zu unsere Verwunderung sehr gut.

21 Septbr – sehr guter Marsch in einer schönen Birkenallee, hübsche Gegend zur linken Seite. Biwak Dorf Tenckewitze

22 Septbr – Rasttag

23 Septbr – Orza passiert. Quartier Stadt Dombrowsna von 5.000 Einwohnern in ländlicher Gegend, fast vor jedem Hause lagen tote Pferde und in jedem Hofe wurden Dutzende Pferdehäute getrocknet, der Geruch war kaum zu ertragen. Mehrere Offiziere mussten aus den Kammern, wo sie wohnen sollten, erst tote Pferde mit Hilfe von Ochsen schleifen lassen. Noch lagen in der Stadt 3.500 Verwundete von Smolensk.

24 Septbr – Rasttag, eine ganze Division Infanterie rückte heute noch in den Ort. Welche Wirtschaft! Es fehlte an Futter für die Pferde, auch wurde es sehr kalt und reifte.

25 Septbr – schlechtes Wetter und beschwerlicher Marsch, Nachtquartier Romanow.

26 Septbr – sehr beschwerlicher Marsch bei sehr üblen Wetter, wir erhielten die Nachricht, dass sich Kosaken nähern sollten, Rüxleben und ich kamen auf Feldwache, es war vorzüglich bei Anbruch des Tages sehr kalt.

27 Septbr – wir kamen in die Gegend von Smolensk, Nachtquartier Dorf Funko.

28 Septbr – passierten wir Smolensk, es sah hier furchtbar aus, Dutzende von toten Menschen und Pferden lagen umher, die Stadt war ganz abgebrannt. Abends 10 Uhr kamen wir bei starkem Regen ins Nachtquartier.

29 Septbr – rückten wir in Kantonierungsquartiere rechts von der großen Straße. Ich kam nach dem Dorfe Dolgohomos mit den Offizieren der 1ten und 3ten Eskadron in ein geplündertes Herrenhaus. Hier blieben wir bis mit 10ten Oktober, wurden aber fast alle Nächte alarmiert und mussten jeden Tag früh 3 Uhr heraus. Den 8ten Oktober erfuhren wir die Namen der bei Mosaisk gebliebenen Offiziere.

11 Oktbr – brachen wir aus unsren Quartieren auf, nachdem wir die ganze Nacht gearbeitet hatten, da die Ordre erst spät abends eingetroffen war, passierten bei sehr schlechtem Wetter und Weg abermals Smolensk und biwakierten in einem verlassenen Kloster.

12 Oktbr – Marsch bei sehr schlechtem Wetter, Biwak in einem abgebrannten Dorfe, wo die Scheunen stehen geblieben waren, und wir daher Futter vollauf fanden.

13 Oktbr – Biwak in einem Dorfe unweit der Straße, wir befanden uns recht gut, es konnte Brot gebacken und geschlachtet werden.

14 Oktbr – bei sehr gutem Wetter hatten wir einen ziemlich weiten Marsch. Nachtquartier wurde wieder in der Stadt Tombrowna genommen, wir gingen rückwärts. In der Nacht fing die Stadt an zu brennen.

15 Oktbr – früh 10 Uhr abmarschiert über den Dnieper gegangen bei sehr schlechtem Wetter, das Quartier mit meiner Kompanie in einem großen Dorfe an der Straße nach Witebsk war recht leidlich.

16 Oktbr – sehr weiten und schlechten Marsch, wir passierten Bapinnowitzschi, wo der Divisions-General Dändels lag und rückten Abends 9 Uhr in ein elendes Dorf mitten im Wald.

17 Oktbr – früh 11 Uhr Aufbruch, wir gingen bis Schloss Obol, wo wir zu unserer Verwunderung den Besitzer, einen Baron N.N. antrafen.

18 Oktbr – rückten wir wieder in eine andere Position, ich kam mit meiner Kompanie auf Vorposten in das Dorf Schurawowo an der Straße von Senno nach Witebsk. Zu Fuß war hier wegen des beispiellosen Kotes gar nicht fort zu kommen. Die Nacht war sehr kalt. Ich stand hier bis mit 21ten Oktober.

22 Oktbr – Aufbruch von Schurawowo, Biwak bei Schitlatnicki eine Stunde von Witebsk an der Düna, welche hier beinah überall zu durchgehen ist. Auch hier sah man vielfach Spuren von den stattgefundenen Affären.

23 Oktbr – brachen wir um Mittag auf, marschierten bei Witebsk vorüber und hatten Quartier auf einem schönen Gute, wo wir und die Leute in Scheunen gut untergebracht waren. Der Besitzer hatte auf seinen Gütern 50 Sauvegarden.

24 Oktbr – früh Aufbruch und in die Gegend von Schurawowo zurück gegangen. Die Eskadron bei welcher ich stand kam mit dem Stabe nach Skrzydlewo. Hier erhielten wir die Nachricht von der Schlacht bei Polock.

25 Oktbr – ruhig gestanden

26 Oktbr – nach Osmiesche marschiert, gutes Quartier.

27 Oktbr – Nachmittags 3 Uhr abmarschiert, Abends 11 Uhr nach Witebsk ins Quartier.

28 Oktbr – Ostrowna passiert, Biwak in einem elenden Dorfe an der Straße nach Polock.

29 Oktbr – Bechenkowitz passiert, auf dem ganzen Wege von Witebsk Spuren der Affären. Abends hörten wir kanonieren.

30 Oktbr – stehen geblieben, abends wieder Kanonenfeuer

31 Oktbr – früh 3 Uhr Aufbruch nach Polock, es war sehr kalt, die Kanonade begann früh 7 Uhr. Nachmittags 4 Uhr kamen wir zur Armee und Affäre bei Schaschnicki. Wir kamen nicht zum Einhauen, jedoch sollten wir eine Batterie nehmen, bekamen aber andere Ordre. Mit Sonnenuntergang hörte die Affäre auf und wir rückten ins Biwak am Wald, bei strenger Kälte ohne Brennholz.

1 Novbr – früh vorgerückt als Arrieregarde, denn das ganze Korps retirierte, wir glaubte Affäre zu haben, aber die Russen blieben ruhig stehen. Nachmittags Abmarsch, der Feind folgte auf dem Fuße. Biwak ein abgebranntes Dorf Trugennowitzsch.

2 Novbr – gingen wir weiter zurück, nichts fiel vor, Biwak schlechtes Dorf Grasnacuza.

3 Novbr – früh 9 Uhr Affäre mit Kosaken und Husaren, gegen 12 Uhr ging der Feind zurück. Wir bleiben den Tag stehen, die Russen vor Augen.

4 Novbr – nur feindliche Patrouillen ließen sich sehen, seit mehreren Tagen war große Not, wir hatten gar nichts mehr zu leben. Die Nächte waren entsetzlich kalt.

5 Novbr – früh 4 Uhr ausmarschiert, schlechter Marsch, Schneegestöber, Nachtquartier Luckolna.

6 Novbr – früh 7 Uhr von den Russen überfallen, tüchtige Affäre gehabt, viele Offiziers verloren Pferde und Sachen. Den ganzen Tag bei strenger Kälte ruhig gehalten, nachdem der Feind zurückgegangen war. Ich verlor Brieftasche und Uhr, bekam aber beides zu meiner großen Freude wieder. Abends Biwak, es war unbeschreiblich kalt und schneite fortwährend.

7 Novbr – wurden wir wieder angegriffen, die Affäre ward heftig, Altrock gefährlich blessiert. Die Russen wurden durch unsere Artillerie und Tirailleurs zurück getrieben. Abends Biwak, endlich einmal in einer Darre.

8 Novbr – ruhig gestanden, alle Nächte aber alarmiert bei strenger Kälte, das Brot ging nun ganz aus.

9 Novbr – Ruhe vom Feind aber Nacht unter freiem Himmel.

10 Novbr – ruhig gestanden. Seit 14 Tagen nun keine nächtliche Ruhe, alle Morgen früh 3 Uhr ausgerückt. Nach langen Zureden erhielt ich heute von einem badischen Husaren ein Stückchen Brot und teilte es mit dem Obristen und Major Kyaw. Wir erhielten Nachricht, dass der Hauptmann Gablenz gefangen war, er schrieb durch einen Parlamentär und ließ sich Sachen schicken. Unser Regiments-Chirurg war bei dem Überfall gefangen worden, beide wurden zusammen transportiert.

11 Novbr – ruhig gestanden, es ward von einer Affäre zum morgenden Tag gesprochen.

12 Novbr – von Lucomla weggegangen, Nachmittag Affäre bei Trugennowitzsch, der Oberst von den badischen Husaren wurde totgeschossen. Wir verloren viel Leute.

13 Novbr – früh wieder Affäre, viel Tote und Blessierte, wir gingen vor. Abends Biwak auf dem Schnee ohne Feuer und Lebensmittel.

14 Novbr – früh 5 Uhr auf Feldwache, ungefähr 400 Schritt von den Russen. Um 9 Uhr begann das Gefecht, wir kamen tüchtig ins Feuer, Hausen ward am Kopf blessiert. Nachmittag 3 bis 5 Uhr wieder ins Feuer gekommen, 2 Korporale wurden totgeschossen, eine springende Granate warf mir einen Erdkloß ins Gesicht, Major Kyaw's Pferd wurden zwei Füße entzwei geschlagen. Biwak in einem Dorfe an der Brücke in der Nähe von Zaschnicki, wo die Gefechte waren.

15 Novbr – früh zurückgezogen, unsere Division hatte die Arrieregarde, schlechter Marsch, denn die Wagen hielten uns sehr auf und der Feind folgte auf dem Fuße. Biwak in dem Dorf, wo wir am 12ten lagen unter freiem Himmel.

16 Novbr – zurück marschiert, viel Schnee, Biwak Dolgeschewo, hier verbrannten uns viel Pferde.

17 Novbr – kurzer Marsch, Biwak Bribiet

18 Novbr – kurzer Marsch nach Kanowa, wir litten sehr, fast alle Leute hatten die Füße erfroren und keiner Brot. Es war kaum zum Aushalten.

19 Novbr – auf Feldwache gestanden und Nachmittags 4 Uhr wieder auf Feldwache, wegen der vielen kranken Offiziere. Nachts 12 Uhr rückten wir aus, es war aber blinder Lärm.

20 Novbr – früh 5 Uhr aufgebrochen, zurückmarschiert auf Grasnacuza, das Korps nach Minsk. Biwak ein ganz abgebranntes Dorf.

21 Novbr – früh aufgebrochen nach Scherega, von da auf Vorposten in ein Kloster gekommen. Abends brachte ich einen russischen Parlamentär bis an seine Vorposten, es war stockfinster und ritt sich sehr schlecht. Wir erfuhren die Auflösung der großen Armee.

22 Novbr – Nachmittags von den Russen angegriffen, zurückgegangen nach Scherega, wir wurden in Front und Rücken beschossen. Abends marschiert, Biwak in einem elenden Dorfe

23 Novbr – aus dem Biwak aufgebrochen, abends Biwak, blinder Alarm.

24 Novbr – marschiert, Nachmittags standen wir den Kosaken gegenüber, abends tüchtige Affäre und Kanonade. Unsere Eskadron wurde zur Eskorte des Herzogs kommandiert, wir kamen in einer Scheune zu liegen und erhielten seit 4 Wochen den ersten Branntwein.

25 Novbr – marschiert, wir kamen auf die große Straße, es sah hier schrecklich aus. Quartier in Natscha.

26 Novbr – in einem elenden Dorfe an der Straße geblieben.

27 Novbr – hatten wir die Arrieregarde der ganzen großen Armee und gingen zurück nach Borissow. Abends Affäre, wir wurden von allen Seiten eingeschlossen und kamen tüchtig ins Feuer, ich ritt meinen armen alten Fuchs zu Schanden. Die Nacht ein fürchterliches Biwak.

28 Novbr – früh Kapitulation, wir wurden als Kriegsgefangene nach Borissow zurück transportiert.

Abb. 05　　　　Gegend um Guben, Crossen und Posen

Zum Stand der Löhnung sowie Verlust von Regiments-Equipage, –Kasse und -Archiv

<u>Oberstleutnant Karl v. Lindemann (Schreiben vom 31.01.1814)</u>

Der Verlust sämtlicher Rechnungen des mobilen Regiment Prinz Johann setzt mich außer Stand Ew. Hochwohlgebr: mehr als folgende unvollständige Notizen geben zu können:

Das Regiment erhielt am 23^n Juni 1812 die Gebührnisse pro Juli, August und September nach Guben mit der Post übersendet. Diesen Gebührnissen waren die für Regimenter Prinz Albrecht und Rechten beigefügt, welche ich bei der Ankunft zur Armee an selbige abgeben sollte. Regiment Rechten erhielt sie in der Kantonierung bei Königsberg, für das Regiment Albrecht wurden sie, da man keine Nachricht von seinem Aufenthalt erhalten konnte, beim Abmarsch des Regiments Johann aus der Gegend Königsberg an die Wirtschafts-Kommission des dort zurück bleibenden Regiments von Low übergeben, jedoch von demselben eine Anleihe von ca. 2.000 Talern für das Regiment Johann gemacht....

Als das Regiment Johann aus der Gegend von Tilsit wegmarschierte, sendete Bankier Jacobi aus Königsberg, auf mein Ansuchen, 100 Taler an den Korporal Herrmann, welcher mit einem Depot bei Tilsit geblieben war. Während das Regiment im Monat Oktober bei Smolensk kantonierte, entlehnte in der Zeit meiner Krankheit der die Wirtschaft führende Premierleutnant von Nostitz von dem Regiment von Rechten oder von

Low eine Summe, welche so viel mir erinnerlich 1.000 Taler betrug.

Außer den erwähnten vier Posten hat das Regiment Prinz Johann kein Geld erhalten. Von diesen Geldern ist bestritten worden:

Das Offiziers Traktament bis inkl. Oktober 1812

Die Löhnung bis medio Oktober 1812

Die Reparaturen /: jedoch waren die Handwerker pro Oktbr. noch nicht bezahlt :/

Die Feld-Equipierungs-Gratifikation für Offiziers /: die Konsignation dieses Equipierungsbetrages ist mir von der Wirtschafts-Kommission des Regiments von Rechten im August zugesendet worden, kein Geld habe ich nicht darauf erhalten :/

Der Ankauf von zwei Equipage-Pferden

Eine Zahlung an Leutnant von Bose, zu welcher mir eine Assignation auf die Feld-Kriegs-Kasse gesendet worden, welche aber nicht erhoben werden konnte.

Am 31^n Oktbr. veranlasste das Vorrücken des Regiments nach Czaczniki die Zurücksendung der Equipage und der Kasse. Sie folgte der Equipage der Großen Armee und ward, nachdem man ihr zuvor die meisten Pferde zur Fortschaffung der Artillerie entnommen hatte, den 28^n November 1812 an der Berezina gefangen. Der Kassenbestand hat ohngefähr 1.000 Taler betragen.

Den 9^n Septbr. 1812 sind die letzten Rechnungen des mobilen Regiments Prinz Johann an den Regiments-

Quartiermeister Seyffert von mir aus Wilna eingesendet worden, welche noch einigen Aufschluss geben könnten.

Capitain Friedrich Zirckel (Schreiben vom 07.12.1814)

...Genanntes Regiment war durch die auf Retraite gehabten Toten, Blessierten und Kranken den 29n Novbr. 1812 bei Borrisow an der Berezina dergestalt zusammen geschmolzen, dass es bloß noch 220 Mann an Unteroffiziers und Gemeinen unter Waffen zählte, welche daselbst an gedachten Tage nebst der Division Bartanof gefangen genommen worden.

Die Regiments-Kasse, Equipage und Archiv war seit ult. Oktbr. 1812 gänzlich vom Regiment entfernt, da Letzteres stets bei der Arriere-Garde war, weshalb ich außer Stand gesetzt etwas bestimmtes darüber angeben zu können, wo und zu welcher Zeit diese Equipage vom Feind genommen worden ist.

Capitaine Gottlob von Schulz (Rapport vom 30.12.1814)

...Die Kompanien haben von der Wirtschafts-Kommission die Löhnungsgelder bis mit 15^n Oktober exkl. Hufschlag auf den laufenden Monat erhalten und ist dieser Maßen an die Mannschaft ausgegeben worden. Kassenbestände können bei den Kompanien nicht gewesen sein, da die Löhnungsgebührnisse auf den präsenten Etat jedesmal nur auf 10 Tage und aus Mangel vorrätigen Geldes das letztemal nur auf 5 Tage ausgegeben wurde.

Die Offiziers erhielten ihre Gage auf den ganzen Monat Oktbr.

Die Equipage des Regiments nebst dem Archiv und ... Kasse der Wirtschafts-Kommission ist am 28^n Novbr. an der Brücke der Berezina verloren gegangen; ... / Anzeige dazu kommandiert gewesenen Wachtmeister /

Die Auflösung des Regiments geschah teileweise, denn die fast alle menschlichen Kräfte übersteigenden Fatiquen die das Regiment im Monat November, als den seiner eigentlichen Kampagne überkam, schufen eine Menge marode Leute und Pferde, da auch die Sorglosigkeit unseres französischen Befehlshabers auf keine Lazarette und Depots Rücksicht genommen hatte, so wurden diese alle ein Opfer der Unachtsamkeit, Vorstellungen fanden keinen Eingang. Die fast täglich stattfindenden und öfters sehr bedeutenden Affären rafften ebenfalls einen Teil des Regiments dahin. Den 28^n Novbr. wurde der noch übrige Rest der Arrier-Garde der französischen Armee aufgestellt und übernahm mit dieser die Verteidigung von Borissow; ob schon die Stadt bis zur eintretenden Nacht mit Erfolg behauptet wurde, so war doch in Rücken und Flanken die Vereinigung mehrerer starker russischer Korps nicht zu verhindern, weshalb der kommandierende französische General Bartano die ihm von den russischen General Graf Wittgenstein angetragene Kapitulation unterzeichnete. Der präsente Etat der Kompanien betrug ohngefähr pr. Komp. zwischen 18 und 21 Mann.

Das von dieser Zahl so wenige ins Vaterland zurückgekehrt sind ist Folge der harten Behandlung in der sich die Eskorte auf dem Transport aussprach wozu noch die Unmenschlichkeit kommt, dass erst den 27^n Tag nach der Ankunft in Witepsk die erste Verpflegung gereicht wurde, was als das eigentliche Grab des Regiments anzusehen ist.

Etat eines mobilen Chevauxlegers-Regiments 1812

Beim Stab

1 Oberst	
2 Majore	
1 Adjutant	
1 Regiments-Chirurg	
1 Stabsfourier	1 Pferd
1 Stabstrompeter	1 Pferd
1 Rossarzt	1 Pferd
1 Büchsenmacher	1 Pferd
4 Sattler	4 Pferde
1 Profoss	1 Pferd
14 Mann	9 Pferde

Bei 8 Kompanien

4 Capitains 1ter Klasse	
4 Capitains 2ter Klasse	
7 Premierleutnants	
15 Sousleutnants	
7 Wachtmeister	7 Pferde
7 Standartjunker	7 Pferde
6 Fouriere	6 Pferde
4 Chirurgen	4 Pferde
32 Korporale	32 Pferde
8 Trompeter	8 Pferde
7 Schmiede	7 Pferde
548 Chevauxleger	548 Pferde
649 Mann	619 Pferde
663 Mann	**628 Pferde gesamt**.

Das Regiment Clemens im Feldzug von 1812

Das Regiment Clemens gehörte zu den sächsischen Truppen im VII. Armekorps und stand bei der Kavallerie-Brigade der ersten Division.

Kavallerie-Brigade	Generallitn. v. Funck[6]
Chev.-Rgt. Prinz Clemens	Oberst v. Gablenz[7]
Chev.-Rgt. Polenz	Oberst v. Hann
Husaren-Rgt.	Oberst v. Engel

Nach Abgang der Regimenter Garde du Corps, Zastrow und Albrecht war diese Brigade die gesamte Kavallerie des VII. Armekorps.

In der unglücklichen Affäre vom 27.07.1812 bei Kobryn gerieten die 1te, 2te und 4te Eskadron in Gefangenschaft.

Aus der 3ten Eskadron sowie Rekonvaleszenten, Kommandierten etc. wurden zwei Eskadrons formiert, deren Kommando der Major von Seydlitz[8] erhielt. Vom Regiment Polenz wurden Offiziere zur Dienstleistung kommandiert.

Durch eingetroffenen Ersatz wurde Ende Oktober 1812 auf 3 schwache jedoch im Januar 1813 wieder auf 2 Eskadrons formiert.

Die Reste des Regiments erreichten am 09.03. Dresden.

---

[6] Erhielt am 14.06.1812 das Kommando der 2.Division
[7] Erhielt am 14.06.1812 als Generalmajor das Kommando der Brigade. Er wurde am 04.07.1812 durch den Oberstleutnant v. Zezschwitz (Chef des Generalstabes der 2.Division und ab 06.07. Oberst) ersetzt.
[8] Gefallen am 01.11.1812 und durch Major v. Thümmel ersetzt.

Abb. 06   Gegend von Warschau und Garwolin

Dienstschreiben und Befehle an den Capitain Matthai vom Regiment Prinz Clemens – Mai/Juni 1812

Kantonierungsquartier Grocholice am 15. Mai 1812

Es haben sich die 4 Ulanen der 8ten und 1 Ulan der 7ten Kompanie so gröblich vergangen, da mehrere Verbrechen sich mit dem der Entwendung vereinigt, dass diese, wenn dies alles zur Untersuchung und verdienten Bestrafung gekommen wäre, vor ein Kriegs-Gericht gehört hätten; jedoch habe ich, um dem Regiment und der Eskadron diese Schande zu ersparen, und in Rücksicht, dass alle diese Verbrecher sonst als zuverlässige Leute bekannt waren, und dieses Verbrechen nicht in der Größe betrachtet, als es wirklich war, den Herrn Obristen den Rapport über diese Angelegenheit so gemacht, - das Er mir die Bestrafung der Arrestanten überlassen, jedoch zugleich befohlen, vorzüglich Rücksicht auf die Erstattung der armen Frau ihr entwendetes Getreide zu nehmen und die Hauptanführer dieser Tat besonders zu bestrafen, die Verführten aber bloß mit Krummschließen.

Ich habe daher den Ulanen Jochmann und Lorenz 2ten von den 8ten Kompanie mit 3 Stunden Krummschließen und 24 Stunden Arrest, - den Ulanen Henkel der 7ten Kompanie mit 4 Stunden Krummschließen und 36 Stunden Arrest bestraft. – Dagegen den Ulan Friedrich, da dieser auf Schildwacht gestanden und anstatt das Verbrechen zu verhüten noch begünstigt und sogar Teil daran genommen hat, - auch wegen seines hartnäckigen Leugnens, da er durch ein offenes Geständnis alles

Aufsehen hätte vermeiden können, mit 30 Stockschlägen aufs Hemde, - sowie den Ulan Welsch, der als ein alter Soldat die anderen verführet, und das Quartier seines Vorgesetzten nicht gescheut, ja schon einmal nach seinem eigenen Geständnis, als er auf Wacht gewesen, Getreide entwendet, mit 24 Stockschlägen aufs Hemde bestrafen zu lassen.

Auch alle die 5 Teilnehmer zur Bezahlung als Ersatz des der armen Frau entwendeten Getreides kontemniert und vor dem die Herrn Capitains die Güte haben, nach beifolgender Repartition es den 4 Ulanen abzuziehen und nach und nach der Frau des Ulanen Welsch, die es erlegt hat, erstatten.

Ob nun gleich nach Anzeige des Ulanen Welsch noch mehr Ulanen von beiden Kompanien sich ebenfalls an Hafer, so den Herrn Probst gehörig, vergriffen und diesfalls Strafe zu erwarten hätten, so hat doch der Herr Probst selbst von sie gebeten und will den Schaden nicht ersetzt haben, auch um die weitläufige Untersuchung zu vermeiden, will ich – ob zwar dieses Verbrechen ebenfalls sehr strafbar ist, so ist es doch mit jenem von den 5 Ulanen verübten ganz verschieden - vor diesmal noch unbestraft lassen.

Ich ersuche daher die Herrn Capitains denen Kompanien dieses alles vorzustellen und die Mannschaften nochmals an ihre Pflichten zu erinnern, und dass wenn hinführe von der Eskadron sich ein Mann der geringsten Entwendung, sie sei unter welchem Namen sie wolle, oder Nachlässigkeit auf einer Post erlaubt, er die strengste Bestrafung zu erwarten hat.

Auch sehe ich mich genötigt, wegen der großen Nachlässigkeit der Wacht, täglich nun 1 Unteroffizier von der Eskadron auf die Wacht zu kommandieren, der aber streng zu instruieren ist, dass er vor alle Unordnung und Nachlässigkeit verantwortlich ist. Dagegen fällt bis auf weitere Ordre der Gefreite weg und gibt die Kompanie, so den Unteroffizier gibt, nur 1 Ulanen zu Pferde, die andern aber 2 Ulanen, 1 zu Pferde und 1 zu Fuß.

Die arme Frau will endlich beschwören, dass ihr von ihrem Eigentum

8 Metzen Korn	1 Taler 16 Groschen
6 Metzen Gerste	1 Taler --- Groschen

nach dem Marktpreis an Gelde

12 Stück Garn	-- Taler 12 Groschen

weg gekommen, welches die Anführer des Komplotts, die in dieser Nacht dabei gewesenen Teilnehmer, und den zu der Zeit, als der Diebstahl geschehen, auf der Post gestandenen Ulan Friedrich, da früher nichts entdeckt worden ist, - ersetzen. –

Ich habe daher repartiert

dass der Ulan Welsch, da er dagegen wenigsten 5 Metzen Gerste behält

1 Taler   8 Groschen

Die übrigen Teilnehmer hingegen zu gleichen Teilen, da Friedrich vor die übrigen Verbrecher auch am härtesten bestraft wird

1. Ulan Friedrich ⌐

2. Ulan Jochmann | von der 8ten Kompanie

3. Ulan Lorenz 2te ⌐

4. Ulan Henkel   von der 7ten Kompanie

jeder 8 Groschen	/	1 Taler 8 Groschen
Summa		2 Taler 16 Groschen gibt.

v. Mörner   Major

Tagesbefehl am 29ten Mai 1812

1) Es wird hierdurch festgesetzt dass wenn in einem Ort, wo Kavallerie und Infanterie oder Artillerie stehet, Alarm geblasen oder Generalmarsch geschlagen wird, beides auch beiden Truppen gilt.

2) Wenn ein General in einer Infanterie Garnison durch einen Trompeter Alarm blasen lässt, so müssen die Truppen ausrücken, ein gleicher Fall findet umgekehrt bei der Kavallerie statt.

3) Den Truppen muss bekannt gemacht werden, dass in einem Ort wo Alarm geblasen wird oder Generalmarsch geschlagen, alle daselbst anwesenden Offiziers, Unteroffiziers und Gemeinen, sie mögen daselbst kommandiert oder beurlaubt sein, sogleich auf das Rendezvous der Garnison kommen.

v. Zeschwitz   Obs.Ltn.

Stabs-Kantonierungsquartier Glusk am 12ten Juni 1812

Nach einer erhaltenen Ordre sollen die Regimenter so bald als möglich ihre eisernen Vorräte dergestalt komplettieren, dass sie incl. der früh und später anbefohlenen eisernen Bestände auf

13 Tage   Hafer

18 Tage	Fleisch
10	Brot und Zwieback, exkl. der bereits vor-handenen
10	Gemüse, Branntwein, Salz und Essig

bei sich haben.

Ich werde daher schleunigst diese Vorräte fassen lassen, und benachrichtige Ew. Hochwohlgeb. hiervon, damit sie ein gleiches tun werden, da ihre Kompanie auf eine noch gestern dieserhalb an den Hrn. General Grafen Reynier gemachte Anfrage, noch ferner in Pulawi stehen bleiben soll, ich auf diese nicht hier fassen lassen kann, und daher dann die 8te Kompanie im Nachteil, wenn diese Vorräte angegriffen werden sollen, ohne alle Verpflegung sein würde.

Die hierzu nötigen Säcke und Wagen werden sie selber besorgt sein in Zeiten, nachher sie vielleicht von anderen Truppen weggenommen würden, aufzutreiben, wie ich es auch mit denen sich hier noch befindenden gemacht habe.

Ich erinnere nochmals, dass diese Bestände eisern und unangreifbar sind, es dauert daher die Fassung der gewöhnlichen Verpflegung von 2 zu 2 Tagen fort.

Zu dem Bedarf einer 10tägigen Fleischverpflegung werden sie sich mit mehreren Ochsen versehen.

Die 7te Kompanie ist noch nicht eingetroffen, sollten Sie selber vielleicht etwas von dieser Kompanie hören, so ersuche ich Sie ihr Nachricht zu geben, dass das Regiment in Lublin kantoniert.

v. Gablenz   Obrist

Garwolin den 17^n Juni 1812

Ew. Hochwohlgeb. verlassen den 21^n d. mit sämtlichen in Pulawi kommandierten Mannschaften diesen Ort, marschieren nach Macieowice, gehen von da den 22^n nach Ossiek und den 23^n nach Praga.

Alles was Sie von Fourage und Lebensmittel noch nach Gora senden können, ist ungesäumt dahin zu befördern.

Die aus Rachow ankommenden und mit Vorräten beladenen Schiffe sollen nicht, wie es früher dem Unterpräfekten aufgegeben worden ist, in Pulawi angehalten und ausgeladen werden, sie sind im Gegenteil unverzüglich ebenfalls nach Gora abzusenden. Können Sie bei Ihrem Abmarsch noch einige Bedürfnisse erlangen, so nehmen Sie solche zur künftigen Verpflegung des Ulanen Regiments auf Vorspann-Wagen mit sich.

Langenau

An den Hrn. Capitaine Mathäi Hochwohlgeb.

Im Auftrag des Hrn. Obristen v. Gablenz gebe ich mir die Ehre Ew. Hochwohlgeb. ganz gehorsamst bekannt zu machen, dass Dero unterhabendes Kommando morgen abgelöst, und dasselbe von nun an aus dem ganzen Regiment gegeben werden solle, jedoch Ew. Hochwohlgeb. sowie der Lt. v. Oppeln stehen bleiben.

Nachdem der Hr. Obrist durch eine soeben erhaltene Ordre benachrichtigt worden ist, dass das Regiment den 30ten d.M. von Sr. Majestät dem König von Westphalen, welcher alsdann nach Pulawi kommen und dort über-nachten wird, besehen werden soll, und ihm in dieser Ordre die möglichste Stärke des Regiments bei dieser Ausrückung nahegelegt wird; so ist er durch die Notwendigkeit gezwungen, um dies zu bewirken, Dero Kommando mit mehreren maroden Pferden, welche jedoch nach beendigter Revue sogleich wieder abgelöst werden, und zwar durch dienstbare, zu versehen.

Der Hr. Obrist hält sich fest überzeugt, dass Ew. Hochwohlgeb. die Notwendigkeit dieser Maßregel gewiss erkennen, und mit Berücksichtigung, dass die 8te Kompanie, welche mehrere marode Pferde hat, dann auffallend schwach ausrücken könnte, diese nicht missdeuten werden.

Es äußerste ferner der Hr. Obrist, dass im Fall wider Vermuten Dero Kommando ausrücken sollte, Ew. Hoch-wohlgeb. sich dann wegen dessen Schwäche, wohl der kleinen Notlüge, dass mehrere Mannschaften auf Exekution usw. kommandiert wären, erlauben dürften.

Dies ist bloß eine vorläufige Nachrichtigung, das Nähere wird der Hr. Obrist noch heute Abend mit Ew. Hochwohl-geb. in Pulawi mündlich besprechen.

Mit der ausgezeichnetsten Hochachtung verharre ich

Ew. Hochwohlgeb. allerergebenster Diener

Haubold v. Einsiedel   Adj.

80✳︎03

Liste der im Text genannten sächsischen Offiziere

(Name, Vornamen / Dienstgrad 1812 mit Patent vom)

Generäle / Generalstab

Gersdorf, Carl Friedrich Wilhelm von / General-Leutnant 30.06.1812 und Chef des Generalstabes 20.02.1810

Lecoq, Carl Christian Erdmann Edler von / General-Leutnant 22.02.1810

Langenau, Friedrich Carl Gustav von / Oberst 28.02.1810

Zezschwitz, Johann Adolph von / Oberstltn. 04.02.1812

Regiment Albrecht

Carlowitz, Friedrich Maximilian von / Premltn. und Adjutant 25.04.1810

Fehrenteil, Robert Ferdinand von / Sousltn. 18.03.1809

Glasser, Johann Sigismund Wilhelm von / Major 14.03.1810

Grahl, George Ludwig / Capt. 05.08.1810

Gordon, Ferdinand Heinrich Joseph von / Premltn. 20.02.1811

Gutschmid, Adolph Freiherr von / Capt. 26.10.1811

Houwald, Carl Gottlieb Heinrich von / Sousltn. 11.09.1808

Hoyer, Eduard Friedrich / Premltn. 21.02.1811

Kirchbach, Hanns Friedrich Wilhelm von / Soultn. 20.02.1811

Klotzsch, Carl / Premltn. 04.03.1812

Kretzschmar, Friedrich Christian /Auditeur 17.08.1804

Lessing, Christian Adolph /Capt. 04.06.1809

Lessing, Heinrich August / Oberst 03.07.1810

Massow, Carl Ludwig von / Sousltn. 05.07.1810

Metzsch, Friedrich Gottlob von / Sousltn. 12.02.1808

Neubern, Siegmund Friedrich Gottlob von / Capt. 15.07.1810

Rabenau, Carl Gottfried von / Capt. 04.02.1807

Salza u. Lichtenau, Jacob von / Capt. 01.09.1812

Schollenstern, August Ferdinand v. / Sousltn. 29.05.1809

Schrickel, Johann Carl / Regiments-Chirurg

Stutterheim, Wolf August von / Premltn. 03.08.1810

Unruh, Rudolph Ferdinand von / Major 31.08.1811

Waldeck-Pyrmont, Friedrich Prinz von / Capt. 03.08.1810

Zehmen, Ludwig von / Premltn. 01.09.1811

Ziegler, Adolph Gottlob Ehrenreich August von / Major 22.03.1810

Regiment Johann

Altrock, Carl Adolph Friedrich von / Sousltn. 23.08.1811

Gablenz, Wolf Wilhelm Ludwig von / Capt. 11.06.1810

Hausen, Philipp Franz Freiherr von / Sousltn. 12.12.1810

Kyaw, Rudolph Wilhelm Ludwig von / Major 01.09.1811

Lindemann, Friedrich Carl Adolph von / aggr. Major 21.03.1810

Rayski, Johann Carl von / Oberst 03.02.1812

Rüxleben, Hanns August Friedrich Wilhelm von / Sousltn. 10.08.1810

Schultz, Johann Gottlob von / Capt. 02.04.1810

Vitzthum v. Eckstädt, Johann Ludwig / Capt. 24.01.1812

Zirckel, Carl George Friedrich / Capt. 30.08.1809

Regiment Clemens

Einsiedel, Haubold von / Prem.ltn. und Adjutant 31.08.1811

Matthäi, Friedrich August Heinrich /Capt. 30.03.1810

Mörner, Ernst Carl Ludwig von / Major 26.02.1808

Quellen

Cerrini – Die Feldzüge der Sachsen in den Jahren 1812 und 1813 – Dresden 1821

Hauptstaatsarchiv Dresden

11289 Generalintendantur/ Akte 135 (Löhnung, Archiv)

11339 Generalstab / Akte 273 (Manuskripte Cerrini)

11339 Generalstab / Akte 275 (Tagebuch Vitzthum)

11341 Kavallerieformationen / Akte 203 (Matthäi)

11341 Kavallerieformationen / Akte 288 (Lessing)

Oppell – Sammlung von Beiträgen zur Geschichte des Königl. Sächs. 1. leichten Reiter-Regiments – o.O. 1829

Stamm- und Rangliste der Königl. Sächs. Armee auf das Jahr 1812

Stamm- und Rangliste der Königl. Sächs. Armee auf das Jahr 1813

Titze – 1812 / Die Sachsen in Russland – Norderstedt 2012

Abbildungen

01, 04, 05, 06 – A new map of the Kingdom of Poland – London 1787

02, 03 – Herausgeber / Autor

In dieser Reihe sind an Memoiren, Berichten und Tagebüchern weiterhin erschienen:

No. 2 Die Berichte der sächsischen Truppen aus dem Feldzug 1806 (I) – Brigade Bevilaqua

No.19 1812 – Die Sachsen in Russland / Der Feldzug des VII. Armee-Korps in den Tagesbefehlen des Generalstabes und der Intendanz

No.21 Das Tagebuch von Ernst Ferdinand Aster aus dem Jahre 1812

No.22 Das Tagebuch von Friedrich Ernst Aster aus dem Jahre 1812

No.23 1813 – Die Sachsen im eigenen Land / Der Feldzug der sächsischen Truppen im VII. Armee- Korps in den Befehlen und Rapporten des Generalstabes und der Intendanz

No.26 Friedrich Vollborn – Erlebtes (III) vom 28.03.1813 bis mit 15.03.1814

No.34 Friedrich Vollborn – Erlebtes (IV) vom 16.03.1814 bis mit 02.01.1816

No.37 Die Tagebücher von Johann Carl von Dallwitz (1812 – 1815) und Adolf George von Göphardt (1813)

No.40 Friedrich Vollborn – Erlebtes (I+II) vom 16.04.1808 bis mit 27.03.1813

No.41 Friedrich Gottlieb Probsthayn – Das Tagebuch vom 14.05.1813 bis 29.09.1814

No.43 August Friedrich Wilhelm von Leysser - Das Tagebuch des Kommandeurs der Garde du Corps 1812